国家自然科学基金项目（71662010）
国家自然科学基金项目（72162016）
江西省社会科学基金重点项目（20GL04）

胡俊南　孙帅成◎著

制造企业
低碳经营行为动态演化
与政策仿真研究

ZHIZAO QIYE
DITAN JINGYING XINGWEI DONGTAI YANHUA
YU ZHENGCE FANGZHEN YANJIU

中国财经出版传媒集团

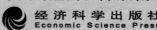

经济科学出版社
Economic Science Press

图书在版编目（CIP）数据

制造企业低碳经营行为动态演化与政策仿真研究／
胡俊南，孙帅成著．－－北京：经济科学出版社，
2022.11

ISBN 978 - 7 - 5218 - 4302 - 6

Ⅰ.①制⋯　Ⅱ.①胡⋯ ②孙⋯　Ⅲ.①制造工业 - 节
能 - 产业发展 - 研究 - 中国　Ⅳ.①F426.4

中国版本图书馆 CIP 数据核字（2022）第 218092 号

责任编辑：杜　　鹏　胡真子
责任校对：隗立娜
责任印制：邱　　天

制造企业低碳经营行为动态演化与政策仿真研究

胡俊南　孙帅成◎著

经济科学出版社出版、发行　新华书店经销

社址：北京市海淀区阜成路甲 28 号　邮编：100142

编辑部电话：010 - 88191441　发行部电话：010 - 88191522

网址：www.esp.com.cn

电子邮箱：esp_bj@163.com

天猫网店：经济科学出版社旗舰店

网址：http://jjkxcbs.tmall.com

固安华明印业有限公司印装

710×1000　16 开　10.5 印张　170000 字

2022 年 11 月第 1 版　2022 年 11 月第 1 次印刷

ISBN 978 - 7 - 5218 - 4302 - 6　定价：59.00 元

前　　言

　　面对日益严重的气候问题，世界各国政府纷纷提出了各种低碳政策，以降低能耗、污染、排放，促使本国经济逐步向低碳经济转型，低碳发展已成为许多国家的发展战略，当然也包括中国（党的十八大和"十三五"规划都提出了低碳发展战略）。2020 年中国政府明确提出了 2030 年"碳达峰"与 2060 年"碳中和"目标，从相对减排到绝对减排，进而零排放，展示了中国在减排上的决心。中国政府为了实现这个目标一直在不断地制定和完善低碳发展政策。低碳政策必然会对作为中国经济增长重要支撑的制造业产生巨大的节能减排压力。而压力是否能激发主动性以及低碳政策的实施效果如何，关键取决于企业的行为，而企业是低碳经济发展的主体和责任人。企业经营行为是一个复杂的系统，各种经营行为之间存在着动态性复杂因果关系，它们相互作用、相互依存，各种经营行为都会对企业的能源消耗和二氧化碳排放产生直接或间接的影响。因此，如何揭示制造企业各种低碳经营行为及其影响因素之间的相互作用机制和动态演化机理，探寻有效引导制造企业低碳经营行为的政策方案，成为当前急需研究的重要课题。基于此，本书从商品经营与资本经营互动新视角，借助系统动力学反馈动态性复杂分析方法，研究了制造企业低碳经营行为的动态演化机理及其引导政策问题。主要研究内容有以下四个方面。

　　（1）制造企业低碳经营行为演化机理分析。本书在回顾和整理已有研究的基础上，基于商品经营与资本经营互动新视角，运用价值创造理论分析制造企业低碳经营行为的流程，构建基于价值流的制造企业低碳经营行为结构系统，应用行为科学理论破解制造企业低碳经营行为系统的"黑匣子"，揭示制造企业低碳经营行为的动力传导机制和演化机理。

（2）制造企业低碳经营行为现状与影响因素的调查分析。本书设计调查问卷，对于低碳经营行为及其效果按低碳融资行为、低碳投资行为、低碳运营行为、低碳管理制度和低碳经营效果五个方面分别设置量表反映，对于影响因素从政府政策、市场需求、社会环境和企业自身因素四个维度设置量表测量。采用直接发放、邮寄、"问卷星"软件等形式将问卷发放给企业高管人员作答，结合问卷调查法和内容分析法对收集的样本数据进行筛选，以获取有效数据，剖析江西省制造企业低碳经营行为的现状及其主要影响因素，为构建 SD 模型提供数据支撑。

（3）制造企业低碳经营行为动态演化及影响因素的 SD 仿真分析。本书以江西制造企业为例，应用系统动力学反馈动态性复杂分析方法，构建制造企业低碳经营行为动态演化及影响因素的系统动力学仿真模型，以模拟企业低碳经营行为与内外部影响因素之间的动态性复杂因果关系，进行影响因素仿真分析，探寻制造企业低碳经营行为的重要影响因素。

（4）制造企业低碳经营行为的政策仿真研究。本书依托构建的制造企业低碳经营行为动态演化及其影响因素的 SD 仿真模型，通过参数调控进行政策的定量仿真试验，探究不同政策条件下企业低碳经营行为的变化，给出引导江西省制造企业低碳经营行为在既定时间实现低碳发展目标的最优政策方案，为政府制定低碳政策提供新思路和科学依据。

本书主要创新点有以下三点。

（1）提出商品经营与资本经营互动的新视角。本书从商品经营与资本经营互动的新视角，系统研究企业低碳经营行为，揭示商品经营行为低碳化与资本经营行为低碳化的相互作用机制及演化机理；系统分析制造企业商品经营行为低碳化、资本经营行为低碳化、内外影响因素之间的因果关系，构建制造企业低碳经营行为动态演化及其影响因素的 SD 模型；系统仿真制造企业低碳经营行为的影响因素，以及各种政策组合方案，给出引导江西制造企业低碳经营行为在既定时间达到目标的最优政策组合方案。

（2）揭示企业低碳经营行为的动态演化机理。本书以价值可持续增长目标作为逻辑起点，基于价值与行为的动态流程构建企业低碳经营行为系统结构，包括"低碳融资—低碳投资—低碳研发设计—能源材料低碳化—低碳生产—低碳营销—废弃物循环利用"整个连续动态的过程，运用行为科学和系统动力学理论揭示企业低碳经营行为的动态演化机理。

（3）构建制造企业低碳经营行为演化及影响因素的系统动力学模型。本书构建系统动力学仿真模型揭示制造企业低碳经营行为的动态演化过程，全面、动态、系统地反映制造企业低碳经营行为与影响因素之间的动态性复杂因果关系和作用机制。

本书构建的基于价值流的企业低碳经营行为结构系统、反映制造企业低碳经营行为动态演化与内外影响因素之间动态性复杂因果关系的 SD 模型、问卷调查和政策仿真结果，不仅可以丰富企业低碳发展的理论和研究方法，而且探索了普适规律，为制造企业实现低碳发展战略提供了新思路与路径指导，为我国政府制定切实可行的低碳政策提供了有重要参考价值的依据。

作　者

2022 年 10 月

目　　录

第一章 绪 论

第一节 研究背景及意义

一、研究背景

面对日益严重的气候问题，世界各国政府纷纷提出了各种低碳政策，以降低能耗、污染、排放，促使本国经济逐步向低碳经济转型，低碳发展已成为许多国家的发展战略，当然也包括中国（党的十八大和"十三五"规划都提出了低碳发展战略）。2015 年 11 月，习近平主席在第二十一届联合国气候变化大会（COP21）的首脑峰会上，提出中国 2030 年相对减排行动目标，单位国内生产总值二氧化碳排放比 2005 年下降 60% ~65%，非化石能源占一次能源消费比重达到 20% 左右。[①] 2020 年 9 月 22 日，习近平主席在第七十五届联合国大会一般性辩论上明确提出了中国 2030 年"碳达峰"与 2060 年"碳中和"目标。[②]从相对减排到绝对减排，进而零排放，展示了中国在减排上的决心。中国政府为了实现低碳发展的目标一直在不断地制定和完善低碳发展政策，如 2014年 8 月 6 日颁布的《单位国内生产总值二氧化碳排放降低目标责任考核评估办法》、2015 年 1 月 1 日起实施的《环保法》、2018 年 1 月 1 日起实施的《环

[①] 习近平在气候变化巴黎大会开幕式上的讲话（全文）[EB/OL]. http：//www. xinhuanet. com/politics/2015 – 12/01/c_1117309642. htm.

[②] 习近平在第七十五届联合国大会一般性辩论上的讲话（全文）[EB/OL]. http：//www. xinhuanet. com/politics/leaders/2020 – 09/22/c_1126527652. htm.

境保护税法》、"十三五"规划提出的"主动控制碳排放和实施近零碳排放区示范工程"、"十四五"规划提出的"制定二〇三〇年前碳排放达峰行动方案"等。这些低碳政策必然会对作为中国经济增长重要支撑的制造业产生巨大的节能减排压力。而压力是否能激发主动性，以及低碳政策的实施效果如何，关键在取决于企业的行为——企业是低碳经济发展的主体和责任人。作为逐利的经济主体，追求长期经济利益仍然是企业低碳经营行为的内在动力，只有低碳经营行为符合企业持续创造价值的目标、提升企业竞争优势，企业才能真正将低碳经营纳入企业战略管理。这也是为什么节能减排政策执行难的主要原因（清华大学气候政策研究中心，2013）。实际上，企业经营行为是一个复杂的系统，各种经营行为之间存在着动态性复杂因果关系，它们相互作用、相互依存，各种经营行为都会对企业的能源消耗和二氧化碳（CO_2）排放产生直接或间接的影响。由此提出的学术问题是：（1）如何揭示制造企业各种低碳经营行为之间的相互作用机制和动态演化机理？（2）如何刻画制造企业低碳经营行为动态演化与内外影响因素之间的动态性复杂因果关系？（3）如何构建一个能有效反映制造企业低碳经营行为动态演化过程及其影响因素的定量分析模型？（4）怎样的政策方案能最有效地引导制造企业低碳经营行为在既定时间实现低碳发展目标？本项目对这些问题展开深入研究。

二、研究现状

通过梳理文献可知，关于企业低碳经营行为的研究：（1）主要集中在技术层面和商品经营行为的低碳化，而忽略了商品经营与资本经营的互动效应。比如：投资效果的滞后效应和技术、资金的锁定效应，制约着低碳技术的投资、研发和应用；融资困难，绿色信贷和碳基金的资金缺口很大，满足不了低碳发展的资金需求；企业平均规模偏低，不利于采用高效能的生产技术装备和综合利用能源等。从财务角度看，企业经营活动（即经营行为）分为商品经营和资本经营[①]，企业正是通过它们来实现资本保值增值的。商品经营

---

① 资本经营有广义和狭义之分（杨波，2002），本书采用狭义概念。

通过商品销售或提供劳务实现利润最大化，进而实现资本增值；资本经营通过产权流动和重组提高资本运营效率和效益，进而实现资本增值。它们是企业成长和发展不可或缺的两翼，既相互促进又相互影响（夏乐书，2001；吕波，2009；胡俊南，2013）。商品经营是前提和基础，离开了商品经营，资本经营势必成为无源之水、无本之木；而资本经营的成功运作，又会有力地推动商品经营的发展，使商品经营产生量的迅速膨胀和质的根本飞跃。商品经营与资本经营必须协调发展，形成良性互动，才能实现企业价值的可持续增长。（2）主要关注单个低碳经营行为的实施结果，较少关注企业低碳经营行为之间的相互作用机制和演化过程。（3）主要关注有哪些因素会影响企业低碳经营行为，较少关注影响因素与企业低碳经营行为之间存在怎样的动态性复杂因果关系。（4）需要一个科学的、有效的定量研究方法对企业低碳经营行为及其引导政策进行系统研究。因此，本书从商品经营与资本经营互动新视角，借助系统动力学反馈动态性复杂分析方法，通过构建制造企业低碳经营行为动态演化及影响因素系统动力学模型，研究制造企业低碳经营行为的动态演化机理及如何引导制造企业低碳经营行为的政策问题，对于我国制定和实施低碳经济发展的政策和措施、实现党的十八大报告和国家"十三五""十四五"规划所设定的低碳发展战略目标具有重要的理论和现实意义。

三、研究意义

首先，本书运用价值创造理论构建基于价值流的企业低碳经营行为结构系统，结合行为科学理论揭示商品经营行为低碳化与资本经营行为低碳化的相互作用机制及动态演化机理，为制造企业实现低碳发展战略提供新思路与路径指导；其次，通过问卷调查和描述性统计，探查江西制造企业低碳经营行为及效果的行业差异、规模差异、地区差异，剖析影响因素，为政府激励制造企业低碳经营行为政策的制定、执行提供数据支撑；再次，在构建普适性因果关系图和流图的基础上，以江西制造企业为例，运用系统动力学反馈动态性复杂分析方法，构建制造企业低碳经营行为动态演化及影响因素的 SD 仿真模型，进行影响因素仿真，为政府激励制造企业低碳经营行为政策的制定、执行提供理论支持与定量分析模型；最后，通过政策仿真探究不同政策条件下企业低碳经营行为的变化，给出引导江西制造企业低碳经营行为在既定时间实现低碳发展目标的最优政策方案，为政府制定切实可行的低碳政策提供新思路。本书不仅可以丰富企业低碳发展的理论和研究方法，探索普适规律，为我国政府制定有效低碳政策和制造企业实现低碳发展战略提供有重要参考价值的依据，而且对推动江西科技创新、产业结构升级、低碳发展、完成 2030 年碳排放和能源消费目标、实现江西经济绿色崛起以及发挥试点示范作用具有重要的现实意义。

第二节　研究内容

本书的研究内容主要包含以下四个方面。

一、制造企业低碳经营行为演化机理分析

首先，在回顾和整理已有研究的基础上，基于财务理论和价值创造理论，界定了集内容、价值目标和动态流程三位一体的企业低碳经营行为概念；其次，基于商品经营与资本经营互动新视角，运用价值创造理论分析制造企业低碳经营行为的流程，构建基于价值流的制造企业低碳经营行为结构系统，明确界定企业各种低碳经营行为的定义与范畴；最后，应用行为科学理论之激励理论中"需要→动机→行为"的行为产生机理，破解制造企业低碳经营行为系统的"黑匣子"，揭示制造企业低碳经营行为的动力传导机制和演化机理。

二、制造企业低碳经营行为现状与影响因素的调查分析

首先，设计调查问卷，结合深度访谈、实地走访、咨询政府人员和专家等方法确定调查问卷内容，对于低碳经营行为及其效果按低碳融资、低碳投

资、低碳运营、低碳管理制度和低碳经营效果五个方面分别设置量表反映，对于影响因素从政府政策、市场需求、社会环境和企业自身四个维度设置量表测量；其次，通过直接发放、邮寄、"问卷星"软件等形式发放问卷给江西省制造企业的高管人员或财务人员作答，采用问卷调查法和内容分析法相结合的方式对收集的样本数据进行筛选，获取了 215 家企业的有效数据；最后，对收集的数据进行信度和效度检验后，通过描述性统计分析，剖析江西制造企业低碳经营行为的现状及其主要影响因素，为构建 SD 模型提供数据支撑。

三、制造企业低碳经营行为动态演化及影响因素的 SD 仿真分析

首先，构建系统因果关系图，将整个企业低碳经营行为系统，划分为低碳融资、低碳投资与运营、低碳经营环境效益和低碳经营经济效益 4 个子系统，分析 4 个子系统内部以及 4 个子系统之间的关系，给出制造企业低碳经营行为动态演化及其影响因素的因果关系图；其次，构建 SD 仿真模型，从各种要素中抽象出能描述系统概貌的、具有代表性的变量，建立系统变量集和流位流率系，构建系统流图，基于样本企业数据设置初始值和参数，运用 DYNAMO 编写方程，构建制造企业低碳经营行为动态演化及其影响因素的 SD 仿真模型，并进行模型的稳定性和可靠性检验；最后，进行影响因素仿真分析，运用构建的 SD 仿真模型，分别对政府政策、市场需求、社会环境和企业自身四个方面的影响因素进行仿真分析，考察各种影响因素的灵敏性，从中找出影响制造企业低碳经营行为的重要因素，为政策仿真的方案制定提供科学依据。

四、制造企业低碳经营行为的政策仿真研究

首先，制定仿真方案，将影响因素仿真后筛选出的政府政策、市场需求、社会环境和企业自身四个方面的重要影响因素进行分类组合，设计"引导性"政策、"处罚+引导性"政策、"支持+引导性"政策、"处罚+支持+

引导性"政策 4 个组合方案；其次，进行政策仿真，根据国家节能减排方案制定目标，通过参数调控，分别对 4 个组合政策方案进行定量仿真试验，模拟 2016~2026 年不同政策条件下样本制造企业低碳经营行为、污染物和耗电量的变化；最后，比较分析政策仿真效果，根据政策仿真结果，比较分析各政策组合方案是否能达到节能减排目标，以及达到节能减排目标的速度快慢，给出引导江西省制造企业低碳经营行为在既定时间实现低碳发展目标的最优政策方案，为政府制定低碳政策提供有重要参考价值的依据。

第三节　研究方法与创新点

一、研究方法

1. 系统分析的方法

本书从系统科学理论出发，将商品经营与资本经营的协调发展视为企业可持续发展的必要条件，以价值可持续增长作为企业低碳行为系统的目标：（1）系统研究制造企业低碳经营行为，分析商品经营行为低碳化与资本经营行为低碳化的相互作用机制，揭示制造企业低碳经营行为的演化机理；（2）系统分析制造企业商品经营行为、资本经营行为与内外部各影响因素之间的动态性复杂因果关系；（3）系统仿真低碳政策对江西制造企业低碳经营行为的影响，探明方案的优劣，给出引导江西制造企业低碳经营行为在既定时间实现低碳发展目标的最优政策方案。

2. 调查研究法与内容分析法

（1）采取问卷调查和内容分析法相结合的方式测量企业低碳经营行为。一方面，从企业低碳经营行为的执行部门、执行幅度、执行路径和执行效果等开发设计"低碳行为及活动"的调查问卷。另一方面，对于上市公司，收集其社会责任报告、年报等披露企业低碳经营活动的信息进行内容分析，选取两种方法测量结果相吻合、"言""行"一致的企业为有效样本。（2）采用问卷调查法测量影响因素。从政府政策、市场需求、社会环境、企业自身四个维度设计影响因素量表，形成调查问卷，将设计的测量问卷通过直接发放、邮寄、Email 等形式发放给企业高管人员作答，获取有关数据。（3）通过企业调研和专家咨询掌握江西制造企业低碳发展的现状及其政策环境。

3. 实证研究方法

本书主要采用数据统计与问卷调查实证研究方法，数据来源主要包括企业问卷调查的数据、统计年鉴、上市公司在巨潮资讯网上公开发布的社会责任报告和年报、政府有关部门的企业节能减排数据等；使用 IBM SPSS 20 分析软件进行描述性分析、频次分析、聚类分析等定量分析。

4. 系统动力学方法

本书采用系统动力学反馈动态性复杂分析技术，构建江西制造企业低碳经营行为动态演化及其影响因素的 SD 仿真模型，运用系统动力学仿真软件 Vensim PLE，对模型进行稳定性和可靠性检验，对制造企业低碳经营行为的影响因素进行仿真分析，并通过参数调控进行政策的定量仿真试验，给出最优政策方案。

二、创新之处

1. 提出商品经营与资本经营互动的新视角

现有研究主要集中在技术层面，偏重商品经营行为低碳化，忽略了资本经营行为低碳化与商品经营行为低碳化的互动效应，不利于促进它们良性互动以及实现企业低碳发展和价值可持续增长。本书从商品经营与资本经营互动的新视角，系统研究企业低碳经营行为，揭示商品经营行为低碳化与资本经营行为低碳化的相互作用机制及演化机理，探索企业低碳发展路径；系统分析企业商品经营行为低碳化、资本经营行为低碳化、内外影响因素之间的因果关系，构建企业低碳经营行为动态演化及影响因素的 SD 模型，探寻制约企业低碳发展的关键因素；系统仿真制造企业低碳经营行为的影响因素，以及各种政策组合方案，给出引导江西企业低碳经营行为在既定时间达到目标的最优政策组合方案，为制造企业实现低碳发展战略提供新思路与路径指导。

2. 揭示企业低碳经营行为的动态演化机理

现有研究大多只关注企业低碳经营行为的结果，甚少关注企业低碳经营行为的动态演化过程及机理，没有深层次发掘行为的发展轨迹，很难揭示企业低碳经营障碍的真正来源。本书以价值可持续增长目标作为逻辑起点，基于价值与行为的动态流程构建企业低碳经营行为系统结构，包括"低碳融资—低碳投资—低碳研发设计—能源材料低碳化—低碳生产—低碳营销—废弃物循环利用"整个连续动态的过程，运用行为科学和系统动力学理论揭示企业低碳经营行为的动态演化机理，弥补已有研究只明确结果、缺乏过程分析的理论研究缺陷。

3. 构建企业低碳经营行为演化及影响因素的系统动力学模型

现有研究都是孤立地研究企业各种低碳经营行为，这种割裂开来研究的方式不利于从总体上把握企业低碳发展的整体效益，不利于寻找制约企业低碳经营的关键因素。本书构建系统动力学仿真模型来揭示企业低碳经营行为的动态演化过程，全面、动态、系统地反映企业低碳经营行为与影响因素之间的动态性复杂因果关系和作用机制，弥补已有研究只考虑单个行为和影响因素结果而忽略行为之间、行为与影响因素之间、影响因素之间相互作用的复杂因果关系的缺陷，为企业低碳经营行为的研究提供新的思路和方法。

第四节　技术路线

本书从商品经营与资本经营互动新视角，借助系统动力学反馈动态性复杂分析方法，通过构建制造企业低碳经营行为动态演化及影响因素系统动力学模型，研究制造企业低碳经营行为的动态演化机理及如何引导制造企业低碳经营行为的政策问题。技术路线见图1−1。

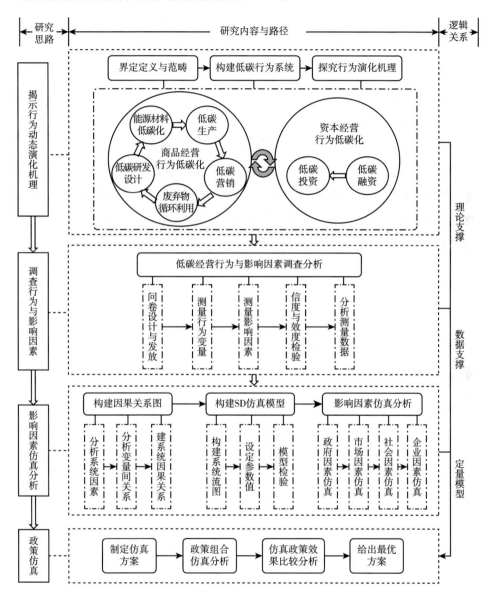

图1−1 技术路线

具体步骤如下。

第一，基于系统科学的思想、价值创造理论和行为科学理论，界定企业低碳经营行为的定义和范畴，从商品经营与资本经营互动的新视角，研究企业低碳经营行为的动态演化机理，为后续的问卷调查和模型构建提供理论支撑。

第二，通过问卷调查，探寻影响江西制造企业低碳经营行为的主要因素，为构建制造企业低碳经营行为及其影响因素的 SD 仿真模型提供数据支撑和科学依据。

第三，进行影响因素仿真分析。首先，构建制造企业低碳经营行为及其影响因素的动态性复杂因果关系图；其次，构建低碳经营行为及其影响因素的系统动力学仿真模型，并进行模型检验；最后，通过参数调控对江西制造企业低碳经营行为的影响因素进行仿真分析，找到主要影响因素。

第四，根据影响因素仿真分析的结果制定政策方案，对不同政策组合条件下企业低碳经营行为的变化进行仿真实验，给出引导制造企业低碳经营行为在既定时间实现低碳发展目标的最优政策方案。

第二章 文献综述

第一节 企业低碳经营行为的研究

一、低碳经营行为的概念

企业经营行为涉及面较广，从财务角度看主要包括技术研发、采购、生产、销售、废弃物回收、投资、融资。而目前国内外专家学者尚未对"低碳经营行为"进行专门的概念描述和系统的研究，只是普遍认为企业在经营过程中为降低能耗、排放、污染而采取一切行动都是低碳经营行为，并对这些行为进行了孤立的研究。例如：（1）低碳技术研发行为研究。1994~2010年入选 SCI 和 SSCI 期刊主题探讨绿色技术和低碳技术创新的文献，106 篇文献中有 41.5% 研究技术创新采用与推广（Shi et al.，2013）。（2）能源使用低碳化研究。刘（Liu，2013）基于代理计算模型模拟工业企业和高碳能源、低碳能源之间的关系，结果显示企业低碳意识和行为对发展低碳能源有着显著作用。（3）低碳生产行为研究。史等（Shi et al.，2012）提出了一种评估生产制造过程中碳排放量的混合式分析方法，可帮助企业选择排放量较少的制造流程和能源，支持企业低碳生产系统的规划和运作。郑蓬辰（2012）对规模以上工业生产碳排放行为进行了模拟情景的预测分析，考察了不同减排率对不同时期二氧化碳排放量及其拐点时间的影响。（4）低碳销售行为研究。何其超等（2013）研究低碳物流网络优化设计。（5）废弃物循环利用研究。卢福财等（2012）研究废弃物循环共生问题。（6）低碳投资行为研究。维森塔尔等（Tobias Wiesenthal et al.，2012）研究了一种自下而上的技术方法来估算研发的投资水平，王芹鹏、赵道致等（2014）应用演化博弈模型研究了上下游企业碳减排投资行为的演化。（7）低碳融资行为研究。对于企业低碳发展资金筹措方式的研究欠缺，主要是清洁发展机制（CDM）的研究（谢鑫鹏等，2013；张亚欣等，2013），还有低碳科技产业投资信托基金的产融结合模式的研究（周鲁柱，2015）。

二、低碳经营行为的动机与目标

任何行为都有其动机和目的，那企业低碳经营行为的根本动机和最终目标是什么呢？德格鲁特等（De Groot et al.，2001）利用离散选择模型对荷兰公司进行调查，结果显示，节约成本的经济利益是投资决策最重要的驱动力，在不影响盈利能力和竞争地位的前提条件下大多数企业可以接受更严格的环保政策。查普尔等（Chapple et al.，2005）分析英国各地县 1991～1998 年与减少废物有关的成本投入变化，指出减少废物成本的上升会影响企业废物最小化意愿。蒙塔尔沃（Montalvo，2008）在研究 20 多年来清洁生产行为的轨迹时发现，企业节能减排意愿的提高，主要是能从清洁生产中获得经济利益和竞争优势。胡美琴等（2009）认为，虽然低碳清洁技术具有吸引力，但大多数企业仍偏好于采用成本低、风险小的末端治理技术解决环境问题。蒙达卡等（Mundaca et al.，2013）认为，交易成本是走向低碳经济增长的主要挑战，与那些照常经营相比，新技术或政策往往交易成本较高。清华大学气候政策研究中心（2013）指出，在中国，节能减排政策的压力很难使下级政府和企业产生执行政策的主动性，必须以较高的、可实现的节能投资回报率吸引企业节能。程发新（2014）基于新制度主义与系统动力学理论进行研究，发现当企业所受外部压力和内部动力要求的目标绩效大于当前绩效时，企业才会实施低碳制造战略。郝祖涛（2014）调查了湖北宜昌、荆门以及河南郑州资源型产业集群中 30 家企业，发现预期收益是影响企业绿色行为决策关键度最高的因素。徐建中（2014）利用演化博弈方法构建模型，发现市场机制下只有当能够获得额外净收益时企业群体才会向全部选择采纳低碳技术的

"理想状态"演化。卡西蒙等（Cassimon et al.，2015）从实物期权的角度探讨了价值驱动对企业投资社会责任的影响。从文献看，现有研究对于企业低碳行为的驱动因素虽然众说纷纭，但绝大多数学者认为，追求长期经济利益仍然是企业低碳经营行为的根本出发点，企业连生存都存在问题时，是不会顾及环境效益的。中国现阶段更多关注的是发展问题，节能减排只是更好发展的一种手段，而不是目的本身（Chen and Robin，2000）。

三、综合评述

（1）缺乏清晰统一的企业低碳经营行为的概念。国内外专家学者还没有对"低碳经营行为"进行专门的概念描述，这不利于企业低碳经营行为理论系统的发展，会限制研究成果在实践中的应用。（2）缺乏系统的研究。研究是对单个行为的孤立研究，没有考虑到行为之间的相互影响，以及缺乏对企业低碳经营行为动态演化过程的系统研究。实际上，商品经营行为（技术研发、采购、生产、销售、废弃物回收）之间、资本经营行为（投资、融资）之间以及商品经营行为与资本经营行为之间存在着错综复杂的动态因果关系，它们共同存在于一个系统中，在演化的过程中相互影响、相互作用。因此，将它们割裂开来研究不利于从总体上把握企业低碳发展的整体效益，不利于寻找制约企业低碳经营的关键因素。只有深层次发掘行为的发展轨迹才可以揭示企业低碳经营障碍的真正来源。（3）资本经营行为低碳化研究不足，忽略了资本经营与商品经营的互动效应。现有研究主要集中在技术层面、偏重商品经营行为低碳化，对资本经营行为低碳化（尤其是企业低碳融资问题）研究不足，忽略了资本经营行为低碳化与商品经营行为低碳化的相互影响，不利于促进它们良性互动，实现企业价值可持续增长。（4）低碳经营行为的根本动机与最终目标基本得到认可，也就是追求长期经济利益，即价值可持续增长。只有低碳经营行为服从于并服务于持续创造价值的目标，企业才能真正将低碳经营纳入企业战略管理。如果不了解企业低碳经营行为目标，不按目标去有效引导，就可能制定出低效甚至错误的低碳政策。

因而，本书基于商品经营与资本经营互动视角，明确企业低碳经营行为价值可持续增长的目标，运用价值创造理论分析企业低碳经营行为的流程，构建基于价值流的企业低碳经营行为结构系统，界定集内容、价值目标和动态流程三位一体的企业低碳经营行为概念，应用行为科学理论通过系统研究破解制造企业低碳经营行为系统的"黑匣子"，揭示制造企业低碳经营行为的动态演化机理，探索制造企业低碳发展路径。

第二节 低碳经营行为影响因素的研究

一、研究内容

自 20 世纪 80 年代末开始，发达国家开始逐步推行清洁生产，以改善环境生态。国内外围绕企业低碳经营行为影响因素的研究从内容上看主要集中在以下 4 个方面。

1. 自身影响因素

（1）经济效益和竞争优势。蒙塔尔沃（2008）等认为，企业愿意提高节能减排，主要是能从清洁生产中获得经济利益和竞争优势。胡等（Hu et al.，2018）研究中国 1 906 家公司发现履行环境责任对企业绩效有显著的正向影响，尤其是对于高污染行业、资产有形化程度高、国有所有权低的企业来说，正向影响更为显著。胡俊南等（2019）研究发现，履行环境责任的重污染企业，市场价值与市场份额更高。（2）技术研发与改进。兹韦斯洛特等（Zwetsloot et al.，2003）考察了 42 个国家的 61 个生产企业，发现技术创新能力对企业的节能生产方式具有支撑效应。（3）企业规模。根据七个 OECD 国家的研究经验证据，约翰斯通等（Johnstone et al.，2009）发现，较大的机构有较强的动机改善他们的环境行为，以获得市场优势。（4）管理者特征。周长辉（2005）采用中国 287 家大中型工业企业的问卷调查数据对模型进行检验，得出管理层的环境导向、学习能力和传统经验对企业的节能减排行为具有显著影响。（5）企业特征。吴克等（2007）认为，跨国公司在参与国际竞争的过程中，具有更强的采用低碳环保技术进行生产的意愿。王晓莉（2011）通过实证研究发现，工业出口企业具有显著的低碳生产意愿。

2. 市场需求影响因素

卢肯等（Luken et al.，2008）研究 8 个发展中国家的造纸、纺织和皮毛 3 个行业的 98 家企业，发现市场特征对发展中国家企业的清洁与节能生产行为影响很大。持相同观点的有谢守红等（2013）、陈晓红（2014）。但持不同观点的有：萨伦佩特（Sarumpaet，2005）研究印度尼西亚企业时发现，即使产品出口到发达国家，产品出口与其是否采用环保生产手段不显著相关；在日本，西谷（Nishitani，2009）发现，终极产品的消费者并没有显著影响公司采用环境管理体系认证标准（ISO14001）。

3. 政府政策影响因素

卢肯等（2008）对 9 个发展中国家 4 个制造行业 105 家企业进行调查研究，论证了政府因素对企业采用环境无害技术的影响。霍特曼等（Hultman et al.，2011）通过对巴西和印度的调查，指出碳定价政策会影响企业对低碳技术的投资决策，国际和国家政策能促进新兴经济体的能源创新。陈红喜（2013）研究发现，环境政策对企业低碳生产意愿有显著正向引导作用，企业低碳生产意愿和能力又对企业低碳生产行为有显著正向影响。张蕾蕾（2015）对我国 137 家低碳类上市公司进行调查，发现融资约束阻碍了企业低碳发展。

4. 社会环境影响因素

托兰德（Thollander et al.，2006）研究发现，在瑞典能源价格的上涨成为促进造纸业采用环保生产技术的重要驱动力。阿瓦尼提斯（Arvanitis，2010）研究了瑞士 2 324 家企业的数据，证实来自社会的压力影响着企业节能减排生产的意愿。但智钢等（2010）构建清洁生产驱动力模型，分析了经济发展水平、污染压力和外部条件对节能生产行为的驱动力。刘等（Liu et al.，2012）研究发现，舆论压力增大会导致企业预防环境行为和积极环境行为增加。王晓莉（2014）以食品工业企业为例，研究发现 ISO14000 认证是影响中国工业企业低碳生产意愿权重最大的主动性关键因素。

二、研究方法

关于企业低碳经营行为影响因素的研究，大多采用案例研究（Song and Lee，2010；Lata and Nunn，2012）。此外，还有研究采用二元 Logistic 模型（王晓莉，2011）、带罚函数的 Logistic 回归模型分析（朱淀等，2011，2013；陈默，2011）、因子分析法（谢守红等，2013）、离散选择模型（De Groot et al.，2001）、熵权决策模型（郝祖涛，2014）、结构方程模型（陈红喜，2013；陈晓红，2014）、自适应基于代理的建模方法（Liu et al.，2012）、模糊集的决策实验法（王晓莉，2014）、多元回归分析（段向云，2014；林伟明，2014）等。

三、综合评述

（1）没有考量各影响因素之间的相互作用。研究仅仅是通过实证分析得到影响因素，而各影响因素之间的相互作用没有考虑，比如：政府政策会影响市场对低碳产品的需求，企业低碳能源的可获得性会影响政府的能源政策等。（2）对资本经营行为的影响考虑不足。实际上有许多因素是通过影响资本经营行为间接影响商品经营行为。（3）较少关注影响因素与低碳经营行为之间的动态性复杂因果关系，主要关注有哪些因素会影响企业低碳经营行为。（4）研究方法大多是传统的静态方法。企业商品经营行为、资本经营行为与内外部各影响因素形成了一个复杂的动态系统，它们在这个系统里相互作用、相互影响。静态分析方法不能揭示低碳经营行为的动态演化过程、无法刻画影响因素与低碳经营行为之间的动态性复杂因果关系。因此，如何能将它们之间错综复杂的关系全面地、动态地反映出来是揭示企业低碳经营行为演化机理、探寻制约因素、明确政策方向的关键，而当前系统动力学正是研究系统动态复杂性的一个主要工具，研究系统反馈结构和行为的一门科学。

针对上述不足，本书拟从商品经营与资本经营互动新视角，应用问卷调查实证探查企业低碳经营行为动态演化的影响因素，通过系统动力学分析构建企业低碳经营行为动态演化及影响因素的 SD 模型流图，揭示企业低碳经营行为与内外影响因素之间的动态性复杂因果关系，运用系统动力学反馈动态性复杂分析方法，构建企业低碳经营行为动态演化及影响因素的 SD 仿真模型，为政府激励企业低碳经营行为政策的制定、执行提供定量分析模型。

第三节　政府低碳政策的研究

一、研究内容

关于低碳政策的研究主要集中以下几个方面。

1. 财政政策

梅特卡夫（Metcalf，2009）研究美国使用补贴实现关键政策目标的困难，认为补贴会降低能源消费价格，不符合成本效益，与其他政策相互作用时，会破坏补贴效用或哄抬计划成本。

2. 税收政策

梅特卡夫（2009）认为，补贴会降低能源成本，不如用税提高与污染有关活动的价格，更易达到减排目标，如碳税（李媛和赵道致等，2013）、环保税（胡俊南等，2021；范如国等，2022）、能源税（雷淑琴等，2022）等。

3. 价格政策

丁志刚和徐琪（2015）发现碳排放权交易价格的不确定性会对供应链企业选择低碳技术投资时机产生重要影响。

4. 金融政策

于李娜（2014）运用均衡模型发现，碳排放交易体系比碳税对企业低碳技术研发的激励作用更大。汪程程（2015）指出，国内碳基金存在资金来源单一、投资领域狭窄、配套支持不足等问题。

5. 科技政策

王（Wang，2011）建议中国应把煤气化技术或者多联产结合碳捕获和储存技术作为低碳技术战略的核心。高等（Gao et al.，2015）认为，中国降低碳排放的重点在于制定加强技术应用的政策和合理控制 GDP 的增长速度。

6. 环境政策

克拉森等（Klassen et al.，2003）研究了环境政策力度与环境技术创新之间的关系。刘雪梅（2014）提出，应积极创建基于市场的环境政策工具，增强市场主体的微观动力。

7. 能源政策

王等（Wang et al.，2011）比较了福建和安徽两种截然不同的能源政策，指出各省能源结构不同，应以可持续发展作为出发点，根据自身实际情况制定合理的能源政策。克里希纳等（Krishna et al.，2015）从政治经济学的角度指出印度政府应该加大可再生能源的投资。

8. 产业政策

张等（Zhang et al.，2014）考察了中国从 20 世纪 90 年代中期至 2013 年太阳能光伏政策的四个阶段，发现不同政策组合方案各有特点。

二、研究方法

1. 定性研究

文献主要有：胡俊南等（2011）从商品经营与资本经营互动的视角，分析了制约工业企业低碳发展的关键因素，并针对制约因素提出了保障商品经营与资本经营良性互动以促进工业企业低碳发展的政策建议。唐等（Tang et al.，2012）通过比较分析日本、德国和美国的低碳政策，即德国"自上而下，立法，促进"之路、日本"循环型社会"之路、美国"责任第一，监督优先"模式，给出中国低碳政策建议：法律保障、激励政策和金融支持。清华大学气候政策研究中心（2013）探讨了中国低碳发展中节能、风能、太阳能三种政策执行模式。梁等（Liang Dong et al.，2014）以济南和柳州为例研究工业共生（IS）政策情况下 CO_2 的减排潜力，结果显示能有效地降低 CO_2 排放。

2. 定量研究

梁等（2013）应用中国能源与环境政策分析（CEEPA）系统，采用动态递归可计算一般均衡模型，比较能源税和碳税对能源、环境和社会经济的影响。结果表明，碳税能够更大程度上限制能源消耗和二氧化碳排放量。李媛和赵道致（2013）构建政府和企业的三阶段博弈模型，发现征收碳税能有效激励制造企业减排，不同碳税税率下减排效果差异很大。刘（Liu，2013）基于代理计算模型模拟工业企业和高碳能源、低碳能源之间的关系，通过 NetLogo 平台模拟每个代理的一系列行为，仿真结果显示，中国的能源政策应该是发展低碳能源和利用化石燃料的清洁高效。戈米（Gomi et al.，2011）构建了一个系统定量反推模型，以日本京都为例，在确定与 1990 年相比 45% 减排量目标的基础上，对京都市政府行动计划中约 130 个项目给出了时间表。刘等（Liu et al.，2011）应用多任务委托代理模型研究了企业低碳发展的最优激励机制。刘等（2012）基于职阶比赛机理模型，得出企业低碳发展的最优努力水平与政府规定的奖金差异成正比，并与任务难度成反比。法贾尼等（Fagiani et al.，2014）采用动态投资模型研究欧洲碳减排和可再生能源政策之间的动态相互作用，以及这两项政策对有关电力市场可再生能源和传统发电业务投资决策的影响。杨洋和张倩倩（2015）从宏观视角，通过设定 2017 年碳减排绝对量约束目标，利用系统动力学仿真得出京津冀地区可行性减排路径，给出京津冀在固定资产投资、科技投入、能源消耗方面的目标值，但研究尚未深入到企业微观经营行为。

三、综合评述

通过分析文献可知，低碳政策的研究发展趋势是：（1）趋向定量研究。因为没有定量信息，利益相关者可能误解各种政策措施的相对重要性或政策实施所需时间。（2）动态反映行为的演化过程。静态研究方法无法揭示行为动态演化过程，准确反映政策实施的效果。（3）考虑系统中行为、政策、影响因素的复杂性。任何政策的制定和实施都是一个非常复杂的过程，必须将很多因素考虑在内，行为之间会相互作用，政策之间会相互影响，政策的决策环境会受其他因素干扰，政策实施效果可能既有正效应也有负效应。（4）设定目标反推政策。政府为各地区、行业、企业的节能减排制定了目标，因此，有必要设定控制目标，反推规定时间内达到目标的最佳政策方案，以免错过制定政策的最佳时机。

政策建模工具有很多，常用的有可计算一般均衡模型（CGE）、博弈模型、基于代理的计算机仿真模型（ABMS）、系统动力学模型（SD）等。其中，系统动力学仿真的优点是：不仅能准确刻画企业微观低碳经营行为之间的相互作用机制，动态反映企业低碳经营行为之间、影响因素与低碳经营行为之间、影响因素之间的复杂因果关系，而且可以考察多项政策组合的综合实施效果，实现目标设定下的政策反推。鉴于系统动力学仿真能满足研究发展趋势的需要，是实现研究目的的一个科学有效的定量分析方法，且目前尚未有用系统动力学仿真研究引导企业低碳经营行为的政策的文献。因此，本书运用系统动力学仿真，构建企业低碳经营行为动态演化及影响因素的 SD 仿真模型，模拟企业低碳经营行为与内外部影响因素之间的动态性复杂因果关系，通过参数调控进行政策的定量仿真试验，研究系统在各种不同政策条件下的一切可能性行为及政策实施效果，给出引导江西省制造企业低碳经营行为在既定时间实现低碳发展目标的最优政策方案。

第三章 制造企业低碳经营行为
演化机理分析

第一节 基于价值流的制造企业低碳
经营行为结构系统

一、企业低碳经营行为的界定

1. 明确企业低碳经营行为的价值创造目标

本书以企业价值可持续增长作为研究企业低碳经营行为的逻辑起点。只有低碳经营行为服从于并服务于持续创造价值目标，企业才能真正将低碳经营纳入企业战略管理中。企业低碳发展是在价值可持续增长前提下的低能耗、低排放、低污染。

2. 分析基于价值流的制造企业经营行为系统结构

从财务角度看，资本经营有广义和狭义两种概念，广义的资本经营包括商品经营，而狭义的资本经营是与商品经营相对应的，区别于商品经营的另一种经营方式。基于狭义的观点，商品经营通过商品销售或提供劳务实现利润最大化，进而实现资本增值；资本经营通过产权流动和重组，提高资本运营效率和效益，进而实现资本增值。它们是企业成长和发展不可或缺的两翼，既相互促进又相互影响（夏乐书，2001；吕波，2009；胡俊南，2013）。商品经营是前提和基础，离开了商品经营，资本经营势必成为无源之水、无本之木；而资本经营的成功运作，又会有力地推动商品经营的发展，使商品经营产生量的迅速膨胀和质的根本飞跃。商品经营与资本经营必须协调发展，形成良性互动，才能实现企业价值的可持续增长。

狭义的观点有利于企业关注企业内部的机制协调问题，充分发挥资本经营的杠杆作用和资源整合功能。因此，本书采用资本经营的狭义概念，并结合资金流和价值流，把与企业投融资相关的融资行为和投资行为归为资本经营行为，把与企业销售商品或提供劳务相关的技术研发、采购、生产、销售、废弃物回收行为归为商品经营行为（见图3-1）。由于商品经营行为（技术研发、采购、生产、销售、废弃物回收）之间、资本经营行为（投资、融资）之间以及商品经营行为与资本经营行为之间存在着错综复杂的动态因果关系，它们共同存在于一个系统中，在演化的过程中相互影响、相互作用。如果将它们割裂开来研究不利于从总体上把握企业低碳发展的整体效益，不利于寻找制约企业低碳经营的关键因素。因此，本书基于财务理论和价值创造理论，构建了"基于价值流的制造企业经营行为系统结构"，探析企业经营行为（包括商品经营行为和资本经营行为）在实现资本增值的价值流中的行为流程，并基于此分析企业低碳经营行为，从而系统研究企业低碳经营行为的动态演化过程及如何良性互动实现企业价值可持续增长。

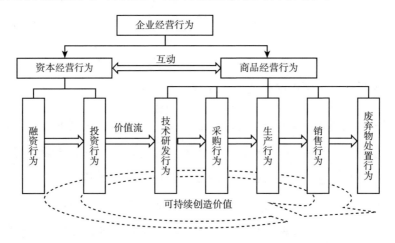

图3-1 基于价值流的制造企业经营行为系统结构

3. 界定企业低碳经营行为概念

企业低碳经营行为是指企业适应经济绿色低碳发展的要求，把低能耗、低排放、低污染理念贯穿于经营管理全过程的行为，包括资本经营行为低碳化和商品经营行为低碳化，基于价值流分解为一系列连续行为：低碳融资、低碳投资、低碳研发设计、能源材料低碳化、低碳生产、低碳营销、废弃物循环利用，以实现企业价值可持续增长，达到经济效益、社会效益和环境效益的有机统一。本书对企业低碳经营行为概念的界定，集内容、价值目标和动态流程三位一体，体现了企业低碳经营行为的决策和行动过程，可以克服以往只注重结果忽略过程的研究缺陷。

二、基于价值流的制造企业低碳经营行为系统结构

1. 构建制造企业低碳经营行为系统的基本框架

本书在对制造企业价值流和经营行为演化规律分析的基础上，构建与经营行为流程相对应的制造企业低碳经营行为系统结构（见图3－2），包括资本经营行为低碳化和商品经营行为低碳化，分解成"低碳融资—低碳投资—低碳研发设计—能源材料低碳化—低碳生产—低碳营销—废弃物循环利用"

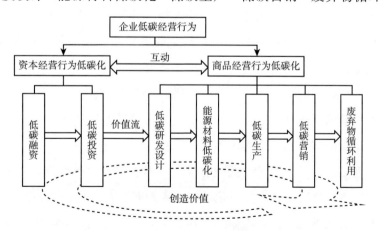

图3－2　基于价值流的制造企业低碳经营行为系统结构

整个连续过程。本书克服企业低碳经营行为忽略资本经营行为分析和缺乏行为过程分析的研究缺陷，并将企业低碳经营行为统一于企业价值可持续增长目标之下。

2. 明确界定企业各种低碳经营行为的定义与范畴

本书基于企业价值可持续增长的目标，以低碳经济理论和财务理论为理论基础，结合心理学研究领域的行为概念，对企业各种低碳经营行为的定义与范畴进行了界定，系统地回答企业一系列低碳经营行为的概念、范畴与内涵的问题。

资本经营行为低碳化是指企业为了低碳经营所进行的产权流动和重组，包括低碳融资和低碳投资。低碳融资是指通过各种方式积极筹集市场资金和政府资金来满足企业商品经营低碳化的需要，如大力发展合同能源管理和CDM项目、利用绿色信贷、碳基金、碳交易市场和各种财税优惠等。低碳投资是指通过大力投资低碳技术和低碳设备，并购重组淘汰落后产能，以及引进培养低碳技术人才，促进企业商品经营低碳化。

商品经营行为低碳化是指企业通过各种途径降低提供商品或劳务过程中的能源、CO_2、污染物的排放，以实现经营活动的低能耗、低排放、低污染，包括低碳研发设计、能源材料低碳化、低碳生产、低碳营销和废弃物循环利用。低碳研发设计是指企业着力发展低碳技术和生产低碳消费品，以抢占产业制高点，如节能和高能效技术、可再生能源技术、碳捕获和储存技术等。能源材料低碳化是指企业利用新能源和革新能源利用方式，提高能源利用效率，实现传统能源的清洁、安全、高效利用；通过实施绿色采购和绿色物流，实现材料采购的低碳化。低碳生产是指企业通过转变生产方式、改造传统工艺流程、运用低碳技术等，实现节能环保生产，降低温室气体排放。低碳营销是指企业通过挖掘消费者的低碳需求，培养消费者的低碳消费文化，倡导低碳消费观念，完善与扩大网络化销售业务，推行电子提货单和电子质保书，实现销售环节低碳化。废弃物循环利用是指企业通过回收废弃物、与周边社区建立区域性循环经济产业链等方式，实现物质循环利用。

第二节　制造企业低碳经营行为的演化机理

一、行为科学的激励理论

激励理论是行为科学中用于处理需要、动机、行为和目标四者之间关系的核心理论。行为科学认为，人的动机来自需要，由需要确定人们的行为目标，激励则作用于人内心活动，激发、驱动和强化人的行为。具体行为激励过程如图 3-3 所示。

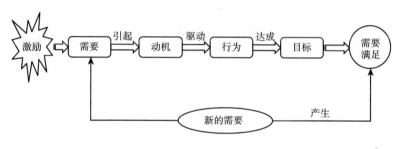

图 3-3　行为激励过程

激励理论认为，需要是产生行为的原动力，得不到满足的需要是激励的起点，它会产生一种紧张不安的心理状态，在遇到能够满足需要的目标时，这种紧张不安的心理就转化为动机，并在动机的驱动下采取某种行为向目标努力，目标达到后，需要得到满足，紧张不安的心理状态就会消除。并且人们的需要是不断变化和提高的，当某种需要得到满足后，又会产生新的需要，引起新的动机和行为，这样就形成了一个连续不断的循环的激励过程。

二、低碳经营行为的演化机理分析

本书应用行为科学理论中的激励理论，揭示了企业在内部动力和外部压力的作用下，为追求企业价值的可持续增长，商品经营行为低碳化与资本经营行为低碳化的相互作用机制及演化机理（见图 3-4）。

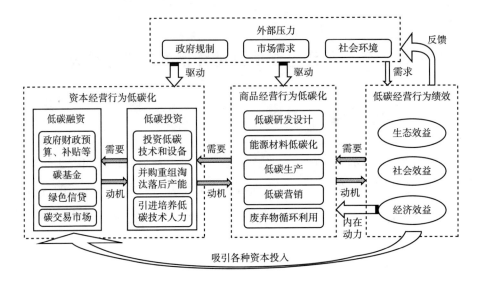

图 3-4 制造企业低碳经营行为的演化机理

依据行为科学理论中"需要→动机→行为"的行为产生机理，企业低碳经营行为的动力传导机制和演化机理如图3-4所示。首先，企业商品经营行为低碳化的内在动力是长期经济效益，即价值的可持续增长。同时，政府、市场和社会要求企业实现经济效益时，还必须实现生态效益和社会效益，这就产生了企业商品经营行为低碳化的外部压力。因此，在内部动力和外部压力的驱动下，为了实现经济、生态、社会三重效益，企业需要采取"低碳研发设计—能源材料低碳化—低碳生产—低碳营销—废弃物循环利用"的低碳商品经营行为。其次，企业商品经营低碳化又需要低碳投资。只有企业加大低碳投资力度，投资低碳生产设备、低碳技术和低碳产品的研发，通过并购重组，淘汰落后产能，转变发展方式，引进和培养低碳技术人才，增强低碳技术的研发创新能力，才能实现商品经营行为低碳化。再次，企业低碳投资需要低碳融资给予足够的资金支持。企业通过各种低碳融资方式取得政府和市场的资金，如财政预算、财政补贴、碳基金、绿色信贷、碳交易市场等，以满足低碳投资的需要。最后，企业低碳经营行为的绩效结果会反馈到企业内部管理层与外部的政府、市场、社会，这样企业内部与企业外部的相关主体会根据行为的激励效果调整策略，进一步驱动企业的低碳经营行为。

第四章　江西省制造企业低碳经营行为现状与影响因素的调查分析

第一节　问卷调查

一、量表设计

通过第三章的概念界定和理论分析以及查阅以往文献研究结论可知，企业低碳经营行为的影响因素主要在政府政策、市场需求、社会环境和企业自身因素四个方面。本书将低碳经营行为分为商品经营低碳化和资本经营低碳化两大类，设计了企业低碳经营行为动态演化影响因素的理论框架，如图4-1所示，基于此明确了大致的调查方向。

通过对江西省制造企业低碳经营行为及其影响因素进行科学调查，我们获取了真实有效的数据。在进行问卷设计时，我们在查阅文献的基础上，结合本书的设计思想和特点，初步确定调查选项；然后，通过咨询有关政府工作人员和专家、实地走访企业进行深度访谈，对问卷设计进行了反复讨论、修改与设计，使其更加贴近被调查地区的实际，以保证问卷的合理性和有效性。

问卷内容分为三部分。第一部分是了解企业的基本情况，主要包括企业性质、上市情况、规模等。第二部分是低碳经营行为调查，主要包括企业低碳融资行为、投资行为、营运行为、低碳管理制度、企业低碳经营效果五个方面的测量。第三部分是企业低碳经营行为影响因素调查，按照政府政策、市场需求、社会环境、企业自身四个维度设计量表，量表采用 Likert 5 级量度。1~5 是一个递增的概念，1 代表"完全不同意"，5 代表"完全同意"。政府政策对企业低碳经营行为影响的调查共有 11 个测项；市场需求因素对低碳经营行为影响的调查共有 6 个测项；社会环境因素对企业低碳经营行为影响的调查共有 12 个测项；企业自身因素对企业低碳经营行为影响的调查共有 14 个测项。本问卷见附录。

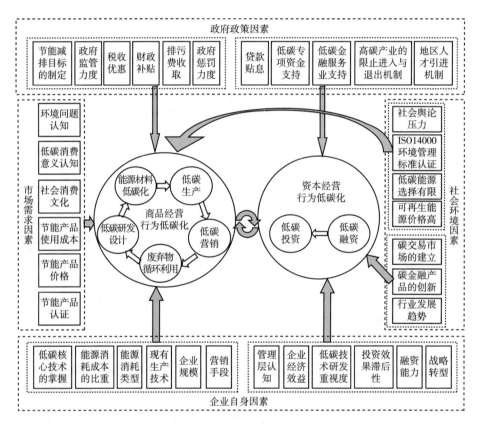

图 4-1　企业低碳经营行为动态演化影响因素的理论框架

二、研究样本与数据收集

本书以江西省制造企业为研究对象，主要调查江西省制造企业的低碳经营行为及其影响因素。为此，我们采取多种方式对江西省内各区域制造企业发放了问卷：（1）通过当地政府有关工作人员协助在工业园区、高新区、开发区发放回收；（2）通过课题小组成员实地走访，将问卷发放给江西省制造业重点企业的中高管理层进行填写；（3）通过网络邮件的形式或者"问卷星"软件获得调查数据。发放对象均为企业财务负责人或知悉企业具体情况的管理层。通过近一年的问卷收集和严格筛选，最终获得了 215 份有效问卷。调查的样本企业覆盖面广，涉及江西省几乎所有地级市、制造行业细类、企业产权性质、上市制造企业，具有代表性。

对于收集到的问卷数据进行了严格筛选，删除填写随意和有缺失内容的问卷，尤其是对上市公司采用问卷调查法和内容分析法相结合测量其低碳经营行为。一方面，通过发放设计好的调查问卷，获得上市公司"低碳经营行为及其效果"的调查问卷；另一方面，收集上市公司的社会责任报告、年报等披露企业低碳经营活动的信息进行内容分析，选取两种方法测量结果相吻合、"言""行"一致的企业为有效样本，克服问卷调查随意导致数据结果不可靠的局限性，收集方法比较科学和严谨。本章研究数据都来源于问卷调查。

三、被调查企业特征描述性统计分析

本书对调查的 215 家样本企业基本情况进行了描述性统计，如表 4-1 所示。样本企业覆盖面广，涉及江西省几乎所有地级市、多种产权性质、不同规模。其中，地区分布上，鹰潭市样本企业最多，有 114 家，占比 53%；治理结构上，非上市企业 163 家，占比 75.8%，上市企业 52 家，占比 24.2%；产权性质上，国有企业 25 家（包括国有独资企业 12 家、国有控股企业 13 家），占比 11.6%，非国有企业 190 家（包括中外合资企业 3 家），占比 88.4%；企业规模上，销售额 40 000 万元以上的大型企业最多，有 125 家，占比 58.1%，中、小和微型企业分别占 18.6%、18.1% 和 5.1%。

表 4 -1 被调查企业特征描述性统计

企业特征	类别	样本数（家）	所占百分比（%）
所在地区	鹰潭	114	53.0
	南昌	30	14.0
	上饶	29	13.5
	九江	14	6.5
	景德镇	10	4.7
	赣州	5	2.3
	宜春	5	2.3
	新余	4	1.9
	吉安	3	1.4
	抚州	1	0.5
是否上市	否	163	75.8
	是	52	24.2
企业性质	国有独资	12	5.6
	国有控股	13	6.0
	中外合资	3	1.4
	其他	187	87.0
企业规模（年销售额）	0 ~ 300 万元（微型）	11	5.1
	300 万 ~ 2 000 万元（小型）	39	18.1
	2 000 万 ~ 40 000 万元（中型）	40	18.6
	40 000 万元以上（大型）	125	58.1

对于样本企业的行业分类，本书先按 2017 年国民经济行业分类（GB/T 4754—2017）中制造业的细类进行了分类，但由于种类繁杂，且有些行业细类特征相似，很难区分由于企业行业特征异质性带来的低碳经营行为差异。因此，为了便于后续研究中剖析制造企业低碳经营行为的行业差异，又根据制造业产业的三大类（轻纺工业、资源加工工业、机械电子制造业）进行了进一步归类，如表 4 -2 所示。其中，资源加工工业的企业 91 家，占比最高 42.33%；其次机械电子制造业的企业 58 家，占比 26.98%；轻纺工业的企业 45 家，占比 20.93%。

表 4 - 2　　　　　　　　被调查制造企业行业特征描述性统计

行业大类	行业细类（GB/T 4754 - 2017）	样本数（家）	大类样本数（家）	大类所占百分比（%）
轻纺工业	农副产品加工业	10	45	20.93
	食品制造业	13		
	纺织业	1		
	纺织服装、服饰业	3		
	皮革、毛皮、羽毛及其制品业	1		
	木材加工和木、竹、藤、棕、草制品业	2		
	家具制造业	1		
	造纸和纸制品业	2		
	文教、工美、体育和娱乐用品制造业	12		
资源加工工业	化学原料和化学制品制造业	12	91	42.33
	医药制造业	8		
	橡胶制品和塑料制品业	3		
	非金属矿物制品业	6		
	黑色金属冶炼和压延加工业	7		
	有色金属冶炼和压延加工业	40		
	金属制品业	15		
机械电子制造业	通用设备制造业	10	58	26.98
	专用设备制造业	9		
	汽车制造业	4		
	铁路、船舶、航空航天和其他运输设备制造业	2		
	电气机械和器材制造业	6		
	计算机、通信和其他电子设备制造业	19		
	仪器仪表制造业	8		
其他	其他制造业	18	21	9.77
	废弃资源综合利用业	2		
	金属制品、机械和设备修理业	1		

　　为了深入剖析江西制造企业低碳经营行为及其效果的地区差异，本书对各地区样本企业的规模和产业类型进行了统计分析，如表 4 - 3 和表 4 - 4 所示。表 4 - 3 显示，在南昌、赣州、宜春、新余、抚州调查到的样本企业大多

是大型企业，中小型样本企业主要在鹰潭、上饶、九江、景德镇、赣州，而微型样本企业主要在上饶、九江、景德镇，宜春和吉安只有大中型企业的样本，新余和抚州只有大型企业的样本。

表4-3　　　　　　　　各地区样本企业的规模

地区		大型企业	中型企业	小型企业	微型企业	合计
南昌	计数（家）	26	3	0	1	30
	占比（%）	86.70	10.00	0	3.30	100.00
鹰潭	计数（家）	64	30	20	0	114
	占比（%）	56.10	26.30	17.50	0	100.00
上饶	计数（家）	7	3	12	7	29
	占比（%）	24.10	10.30	41.40	24.10	100.00
九江	计数（家）	6	1	5	2	14
	占比（%）	42.90	7.10	35.70	14.30	100.00
景德镇	计数（家）	7	1	1	1	10
	占比（%）	70.00	10.00	10.00	10.00	100.00
赣州	计数（家）	4	0	1	0	5
	占比（%）	80.00	0	20.00	0	100.00
宜春	计数（家）	4	1	0	0	5
	占比（%）	80.00	20.00	0	0	100.00
新余	计数（家）	4	0	0	0	4
	占比（%）	100.00	0	0	0	100.00
吉安	计数（家）	2	1	0	0	3
	占比（%）	66.70	33.30	0	0	100.00
抚州	计数（家）	1	0	0	0	1
	占比（%）	100.00	0	0	0	100.00
合计	计数（家）	125	40	39	11	215
	占比（%）	58.10	18.60	18.10	5.10	100.00

由表4-4可知，各地区样本企业的产业类型特征不是特别明显，除了新余和抚州的样本企业只归属为资源加工业、景德镇的样本企业归属为资源加工业和机械电子制造业、赣州的样本企业归属为资源加工业和轻纺工业外，其他地区的样本企业都涉及三个以上的产业。

表 4 - 4 各地区样本企业的产业类型

地区		资源加工业	机械电子制造业	轻纺工业	其他	合计
南昌	计数（家）	9	14	3	4	30
	占比（%）	30.00	46.70	10.00	13.30	100.00
鹰潭	计数（家）	50	16	33	15	114
	占比（%）	43.90	14.00	28.90	13.20	100.00
上饶	计数（家）	11	14	3	1	29
	占比（%）	37.90	48.30	10.30	3.40	100.00
九江	计数（家）	7	5	2	0	14
	占比（%）	50.00	35.70	14.30	0	100.00
景德镇	计数（家）	5	5	0	0	10
	占比（%）	50.00	50.00	0	0	100.00
赣州	计数（家）	3	0	2	0	5
	占比（%）	60.00	0	40.00	0	100.00
宜春	计数（家）	1	3	1	0	5
	占比（%）	20.00	60.00	20.00	0	100.00
新余	计数（家）	4	0	0	0	4
	占比（%）	100.00	0	0	0	100.00
吉安	计数（家）	0	1	1	1	3
	占比（%）	0	33.30	33.30	33.30	100.00
抚州	计数（家）	1	0	0	0	1
	占比（%）	100.00	0	0	0	100.00
合计	计数（家）	91	58	45	21	215
	占比（%）	42.30	27.00	20.90	9.80	100.00

第二节 调查数据信度检验

一、调查数据信度检验

本书通过问卷调查获得数据，因此需要进行信度检验以判断所获取数据的可靠程度。本书中的研究应用 SPSS 软件对收集的数据进行整理，并采用 Cronbach－α 系数评价方法对低碳经营行为影响因素的四个维度及问卷总体进行了信度检验，检验结果见表4－5。

表4－5　　　　　　　　　　　　问卷信度分析结果

变量类型	项数	α 系数	问卷总体信度
政府	11	0.881	
市场	6	0.816	0.957
社会	12	0.906	
企业	14	0.871	

由表4－5可知，所有维度变量的 Cronbach－α 系数都大于0.8，问卷总体的 Cronbach-α 系数大于0.95，说明量表的信度较好，调查问卷收集的数据可靠。

二、调查数据效度检验

为了证明所设计问卷能够测出其所要测量的内容，测量结果能很好地反映测量对象的真实特征，问卷收集的数据有效，本书应用 KMO 系数对低碳经营行为影响因素的四个维度及问卷总体进行了效度检验，检验结果见表4－6。

表4－6　　　　　　　　　　　　问卷效度分析结果

变量类型	项数	KMO 系数	问卷总体效度
政府	11	0.823	
市场	6	0.825	0.911
社会	12	0.873	
企业	14	0.837	

由表4－6可知，所有维度变量的 KMO 系数都大于0.8，问卷总体的 Cronbach-α 系数大于0.9，说明量表的效度较好，调查问卷收集的数据有效。因此，信度和效度检验的结果表明，可以利用问卷调查的数据进行进一步分析研究。

第三节　企业低碳经营行为现状及效果调查分析

一、低碳融资现状分析

根据调查问卷的回收结果，对相关数据进行处理后，所得的各融资渠道获取的融资金额如表 4-7 所示。

表 4-7　　　　　　　　　　　　低碳融资现状分析

融资渠道		各部分所占比例					
绿色信贷	金额	0	0 ~ 1 000 万元	1 000 万 ~ 3 000 万元	3 000 万 ~ 6 000 万元	6 000 万 ~ 9 000 万元	9 000 万元以上
	比例	45.6%	36.3%	5.6%	4.2%	0%	8.4%
CDM 项目	金额	0	0 ~ 50 万元	50 万 ~ 150 万元	150 万 ~ 500 万元	500 万 ~ 1 000 万元	1 000 万元以上
	比例	76.3%	6.0%	10.2%	1.9%	1.4%	4.2%
低碳基金	金额	0	0 ~ 1 000 万元	1 000 万 ~ 3 000 万元	3 000 万 ~ 6 000 万元	6 000 万 ~ 9 000 万元	9 000 万元以上
	比例	76.7%	13.0%	3.7%	1.4%	0.5%	4.7%
风险投资	金额	0	0 ~ 1 000 万元	1 000 万 ~ 3 000 万元	3 000 万 ~ 6 000 万元	6 000 万 ~ 9 000 万元	9 000 万元以上
	比例	52.1%	32.1%	6.5%	2.3%	1.4%	5.6%
政府补助	金额	0	0 ~ 50 万元	50 万 ~ 150 万元	150 万 ~ 500 万元	500 万 ~ 1 000 万元	1 000 万元以上
	比例	62.3%	9.8%	8.4%	8.8%	2.3%	8.4%

由表 4-7 可知，在各种融资渠道中，按样本企业筹集到低碳发展资金的企业数由多到少排序，为绿色信贷（54.4%）>风险投资（47.9%）>政府补助（37.7%）>CDM 项目（23.7%）>低碳基金（23.3%）；按通过各种融资渠道能筹集到 1 000 万元以上资金的企业数由多到少排序，为绿色信贷（18.2%）>风险投资（15.8%）>低碳基金（10.3%）>政府补助（8.4%）>

CDM项目（4.2%）。可见，绿色信贷和风险投资是企业低碳融资的主要渠道，无论是筹集到的企业家数还是筹集到 1 000 万元以上资金的企业家数都是较多的，说明当地金融机构积极支持企业低碳发展，社会资本也比较看好企业低碳发展的前景。但即使是这两个主要融资渠道，企业筹集到的低碳资金多在 1 000 万元以内，绿色信贷是 36.3%，风险投资是 32.1%，因此说明企业低碳融资的资金非常有限。政府补助方面，62.3%的企业并没有达到政府补助的要求，9.8%的企业获得 50 万元以内的补助，少数企业拿到了 50 万 ~ 500 万元的补助，获得 500 万元以上补助的只有 10.7%，通过进一步分析问卷样本和查阅相关文件发现，政府补助主要集中在一些规模较大的企业，而且补助内容大部分是节能补助。企业通过 CDM 项目和低碳基金获得低碳发展资金的还较少，说明政府和企业还应在这两方面加大建设力度。

二、低碳投资现状分析

1. 企业低碳投资方向

（1）总体分析。对样本企业的低碳投资方向进行统计分析，结果如图 4 - 2 所示。大部分企业会在生产环节、技术和员工意识进行低碳投资。企业在生产环节会产生很多的污染物，如果在这个环节进行投资，就可以很好地控制污染物的产生。在生产中引入降尘设备不仅可以减少粉尘的产生，还能对粉尘进行回收加工处理，再改造工艺技术，像良好的绿色工艺技术可以显著减少二氧化硫以及氮氧化物的产生。所以在生产环节和技术方面进行低碳投资，效果会非常明显。员工在企业生产中担任不可或缺的角色，员工良好的低碳意识会对企业节能减排效果产生巨大影响。良好并规范的操作习惯不仅可以减少污染物的产生，还能减少能源浪费，员工的低碳意识在低碳生产中起到了至关重要的作用。值得一提的是，近半数企业也会在回收利用和管理方面进行投资。回收再利用是属于末端治理，回收再利用不仅可以减少污染物的排放，还能为企业带来收益。同时，良好的管理理念会让企业的低碳经营更有执行力和秩序，能有效促进企业低碳发展战略目标的实现。

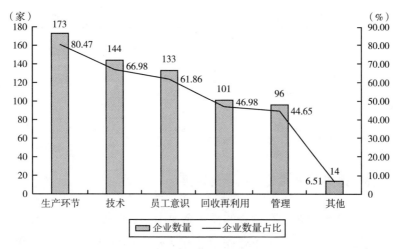

图4－2　企业低碳投资方向

（2）按行业分析。对样本企业的低碳投资方向按产业类型进行统计分析，结果如表4－8所示。资源加工工业在低碳投资时，更关注生产环节、技术和回收再利用这三个环节，在三个产业中，除了生产环节投资的样本企业占比低于机械电子制造业外，其他的都高于轻纺工业和机械电子制造业。这与该产业的特性相关，因为该产业是由黑色金属冶炼和压延加工业、有色金属冶炼和压延加工业、非金属矿物制品业、金属制品业、化学原料和化学制品制造业等组成，这些行业内的企业大多属于重污染企业，受到国家环保部门的重点关注和污染物排放监测，所以必须加强生产过程中的节能减排和末端的污染治理，以达到相关环保要求。需要特别说明的是，由于样本企业中有些企业无法明确归属到轻纺工业、资源加工工业和机械电子制造业这三类产业，行业特征不明确，因此在后面进行行业比较分析时不再考虑。

表4－8　　　　　　　　　各行业低碳投资环节

投资环节	轻纺工业		资源加工工业		机械电子制造业		其他	
	数量（家）	比例（%）	数量（家）	比例（%）	数量（家）	比例（%）	数量（家）	比例（%）
生产环节	18	13.53	43	14.43	25	16.23	10	14.29
技术	30	22.56	68	22.82	32	20.78	14	20.00
员工意识	33	24.81	75	25.17	44	28.57	19	27.14
回收再利用	19	14.29	51	17.11	20	12.99	8	11.43

续表

投资环节	轻纺工业		资源加工工业		机械电子制造业		其他	
	数量（家）	比例（%）	数量（家）	比例（%）	数量（家）	比例（%）	数量（家）	比例（%）
管理	30	22.56	58	19.46	30	19.48	15	21.43
其他	3	2.26	3	1.01	3	1.95	4	5.71
合计	133	100.00	298	100.00	154	100.00	70	100.00

2. 投资低碳生产技术工艺改造的金额

（1）行业差异分析。在调查的样本企业中，资源加工业企业在低碳生产技术工艺改造上投入的金额比轻纺工业和机械电子制造业企业多，投资500万元以上的企业数占同业样本企业数比累计达到30.8%（见图4-3），远远高于轻纺工业投资企业数的累计占比8.8%和机械电子制造业投资企业数的累计占比24.2%，而轻纺工业与机械电子制造业样本企业在低碳生产技术工艺改造上的投资额主要集中在200万元以内。这与各产业的特性密切相关，因为轻纺工业大多是劳动密集型企业，技术要求不高，而机械电子制造业虽然是技术密集型产业，但在环保方面的要求没有资源加工工业高，所以这两个产业在低碳生产技术工艺改造上投入的金额没有资源加工工业多。

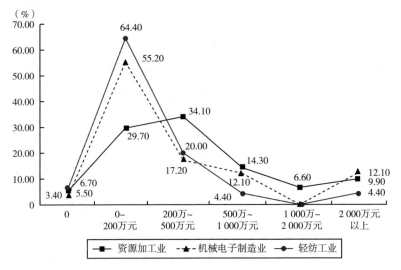

图4-3 样本企业投资低碳生产技术工艺改造的行业差异

（2）规模差异分析。在调查的样本企业中，微型制造企业的特征比较明显，在低碳生产技术工艺改造上投入的金额少于1 000万元（见图4-4），而大型制造企业在低碳生产技术工艺改造上投资金额大于1 000万元的企业数占同规模样本企业比累计为18.4%，是各类规模企业中占比最高的。这与各类规模企业的资金总量差异有关，因为低碳技术投资风险大、回收期长，需要足够的资金支持。

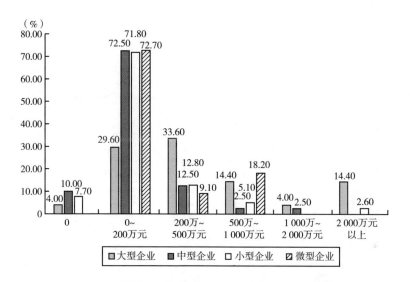

图4-4　样本企业投资低碳生产技术工艺改造的规模差异

（3）地区差异分析。根据本章第一节的表4-3和表4-4可知，南昌和宜春的样本企业主要是大型资源加工业企业和大型机械电子制造业企业，新余、赣州和抚州的样本企业也大都是大型资源加工业企业，所以从表4-9中可以看出，南昌、宜春、新余、赣州和抚州的样本企业在低碳生产工艺改造上投资超过500万元的企业数占同地区样本企业数比累计率较高。这与各地区样本企业的行业属性和规模特征密切相关。

表4-9　　　　　　各地区样本企业低碳生产工艺改造投资情况

地区		0	0~200万元	200万~500万元	500万~1 000万元	1 000万~2 000万元	2 000万元以上	合计
南昌	计数（家）	1	11	8	1	3	6	30
	占比（%）	3.30	36.70	26.70	3.30	10.00	20.00	100.00

续表

地区		0	0～200万元	200万～500万元	500万～1 000万元	1 000万～2 000万元	2 000万元以上	合计
鹰潭	计数（家）	9	60	30	10	2	3	114
	占比（%）	7.90	52.60	26.30	8.80	1.80	2.60	100.00
上饶	计数（家）	0	16	6	6	1	0	29
	占比（%）	0	55.20	20.70	20.70	3.40	0	100.00
九江	计数（家）	0	7	4	3	0	0	14
	占比（%）	0	50.00	28.60	21.40	0	0	100.00
景德镇	计数（家）	0	6	2	0	0	2	10
	占比（%）	0	60.00	20.00	0	0	20.00	100.00
宜春	计数（家）	1	0	1	1	0	2	5
	占比（%）	20.00	0	20.00	20.00	0	40.00	100.00
赣州	计数（家）	0	1	2	1	0	1	5
	占比（%）	0	20.00	40.00	20.00	0	20.00	100.00
新余	计数（家）	0	0	0	0	0	4	4
	占比（%）	0	0	0	0	0	100.00	100.00
吉安	计数（家）	1	1	0	0	0	1	3
	占比（%）	33.30	33.30	0	0	0	33.30	100.00
抚州	计数（家）	0	0	0	1	0	0	1
	占比（%）	0	0	0	100.00	0	0	100.00
合计	计数（家）	12	102	53	23	6	19	215
	占比（%）	5.60	47.40	24.70	10.70	2.80	8.80	100.00

3. 投资低碳回收技术研发或升级的金额

（1）行业差异分析。在调查的样本企业中，资源加工工业企业在低碳回收技术研发或升级上投入的金额最多（见图4-5），只有6.6%企业未投资，而轻纺工业企业有20%未投资，机械电子制造业企业有10.3%未投资，并且投资200万元以上的企业数占同业样本企业数比累计达到了57.2%，远高于轻纺工业投资企业数的累计占比22.2%和机械电子制造业投资企业数的累计占比39.6%。这仍然与这三个行业生产的污染性和技术性差异密切相关。

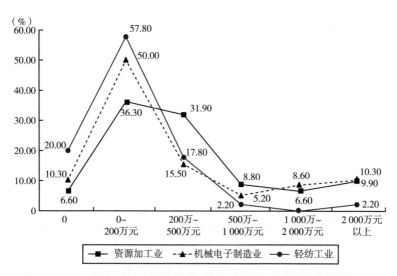

图 4 - 5 样本企业投资低碳回收技术研发或升级的行业差异

（2）规模差异分析。由图 4 - 6 可知，在调查的样本企业中，微型制造企业和中型制造企业，在低碳回收技术研发或升级上投入的金额都少于 500 万元，而大型制造企业在低碳回收技术研发或升级上投资金额大于 500 万元的企业数占同规模样本企业比累计达到了 29.6%。这说明企业的资金总量会对低碳技术投资产生影响，低碳技术投资风险大、回收期长，需要大量的资金支持。

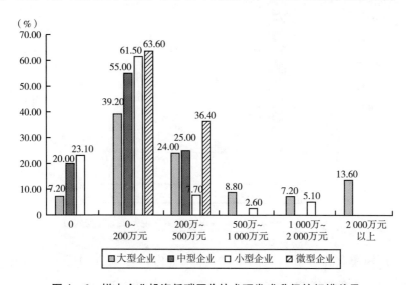

图 4 - 6 样本企业投资低碳回收技术研发或升级的规模差异

（3）地区差异分析。各地区样本企业在低碳回收技术研发或升级上投资金额的特征差异，与低碳生产工艺改造的投资类似，南昌、宜春、新余和赣州的样本企业在低碳回收技术研发或升级上投资超过 500 万元的企业数占同地区样本企业数比累计率较高，依次是 33.3%、60%、100% 和 80%，这与各地区样本企业的行业属性和规模特征密切相关。由于表格较多，这里不作展示。

4. 投资低碳生产设备的金额

（1）行业差异分析。在调查的样本企业中，资源加工业企业和机械电子制造业企业在低碳生产设备投资上表现较突出（见图 4 - 7），投资额超过 2 000 万元的样本企业占同业样本企业数比例累计分别为 19.8% 和 20.7%，甚至有 3.3% 的资源加工业企业的低碳生产设备投资额超过了 3 亿元。不过由于低碳生产设备的资金需要量较大，所以大部分企业的投资额在 2 000 万元以内。

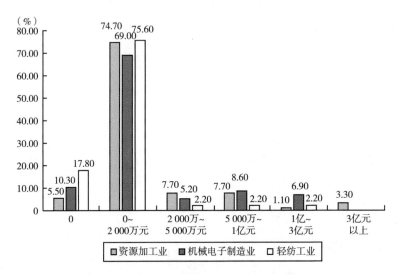

图 4 - 7　样本企业投资低碳生产设备的行业差异

（2）规模差异分析。从图 4 - 8 可以看出，在调查的样本企业中，大型制造企业在低碳生产设备上投资金额大于 2 000 万元的企业数占同规模样本企业比累计达到 25.6%，超过 1 亿元的有 8%，而微型制造企业和小型制造企业在低碳生产设备上投入的金额都少于 2 000 万元。这是因为低碳生产设备需要投入的资金量巨大，而投资效益又具有滞后性，只有资产规模大、资金量充足的企业为获得行业竞争优势和实现规模效益才会大量投资。

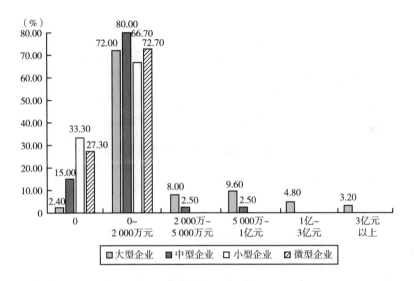

图 4 - 8　样本企业投资低碳生产设备的规模差异

（3）地区差异分析。对于低碳生产设备的投资主要与企业所处行业及其规模大小有关，与所处地区的关联性不大，所以各地区制造企业在低碳生产设备的投资上表现特征不明显。相比而言，南昌和新余的样本企业表现较好，主要是因为南昌和新余的样本企业大都是大型的资源加工业和机械电子制造业企业。

5. 投资废弃物回收设备的金额

（1）行业差异分析。由图 4 - 9 可知，在调查的样本企业中投资废弃物回收设备超过 1 000 万元的主要是资源加工业和机械电子制造业企业，这主要是因为相较于轻纺工业这两类产业的废弃物污染性可能更强，需要回收降低污染，以达到环保的要求。

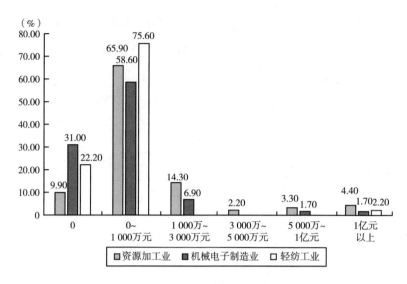

图 4 – 9　样本企业投资废弃物回收设备的行业差异

（2）规模差异分析。由图 4 – 10 可知，在调查的样本企业中，大型制造企业在废弃物回收设备上投资金额大于 3 000 万元的企业数占同规模样本企业比累计达到 10.4%，超过 1 亿元的有 4.8%，而其他规模的企业在废弃物回收设备上投入的金额都少于 3 000 万元，大多数在 1 000 万元以内，甚至有很高比例的中、小、微型企业没有投资废弃物回收设备，依次是 32.5%、

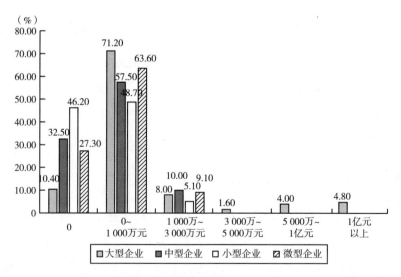

图 4 – 10　样本企业投资废弃物回收设备的规模差异

46.2%和27.3%。这是因为废弃物回收设备的投入对于企业来说是一项较大的成本费用，如果废弃物的利用价值不大，企业在不违反环保法规的情况下，投资意愿较弱。

（3）地区差异分析。由表4-10可知，在调查的样本企业中，各地区企业在废弃物回收设备上的投资差异较大，只有南昌、新余、抚州和鹰潭有投资额超过3 000万元的制造企业，其他地区的样本企业投资额都在3 000万元以下。这可能与各地区的环保要求不同有关，因为工业废弃物会对当地环境产生直接影响。

表4-10　　　　　各地区样本企业废弃物回收设备投资情况

地区		0	0 ~ 1 000万元	1 000万 ~ 3 000万元	3 000万 ~ 5 000万元	5 000万 ~ 1亿元	1亿元以上	合计
南昌	计数（家）	6	16	0	2	2	4	30
	占比（%）	20.00	53.30	0.00	6.70	6.70	13.30	100.00
鹰潭	计数（家）	26	83	4	0	1	0	114
	占比（%）	22.80	72.80	3.50	0	0.90	0	100.00
上饶	计数（家）	10	13	6	0	0	0	29
	占比（%）	34.50	44.80	20.70	0	0	0	100.00
九江	计数（家）	2	10	2	0	0	0	14
	占比（%）	14.30	71.40	14.30	0	0	0	100.00
景德镇	计数（家）	1	7	2	0	0	0	10
	占比（%）	10.00	70.00	20.00	0	0	0	100.00
赣州	计数（家）	0	4	1	0	0	0	5
	占比（%）	0	80.00	20.00	0	0	0	100.00
宜春	计数（家）	1	4	0	0	0	0	5
	占比（%）	20.00	80.00	0	0	0	0	100.00
新余	计数（家）	0	0	1	0	1	2	4
	占比（%）	0	0	25.00	0	25.00	50.00	100.00
吉安	计数（家）	1	1	1	0	0	0	3
	占比（%）	33.30	33.30	33.30	0	0	0	100.00
抚州	计数（家）	0	0	0	0	1	0	1
	占比（%）	0	0	0	0	100.00	0	100.00
合计	计数（家）	47	138	17	2	5	6	215
	占比（%）	21.90	64.20	7.90	0.90	2.30	2.80	100.00

6. 投资废弃物循环利用设备的金额

（1）行业差异分析。由图 4-11 可知，在调查的样本企业中，各类产业的企业在废弃物循环利用设备上的投资额主要在 1 000 万元以内，投资 1 000 万元以上的资源加工业与机械电子制造业的企业数累计占比 19.8% 和 10.2%，明显高于轻纺工业企业 4.4%，这主要是因为相较于轻纺工业，这两类产业的产品价值较大，废弃物的可回收利用价值也较大，所以企业更愿意在废弃物循环利用设备上投资，以获取更多的收益。

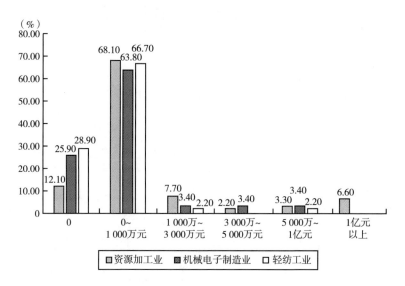

图 4-11　样本企业投资废弃物循环利用设备的行业差异

（2）规模差异分析。由图 4-12 可知，在调查的样本企业中，大型制造企业在废弃物循环利用设备上投资金额大于 3 000 万元的企业数占同规模样本企业比累计达到 13.6%，超过 1 亿的有 4.8%，而其他规模的企业在废弃物循环利用设备上投入的金额都少于 3 000 万元，大多数在 1 000 万元以内，甚至有很高比例的中、小、微型企业没有投资废弃物循环利用设备，依次是 32.5%、38.5% 和 36.4%。同样，对于投资废弃物循环利用设备这种金额较大的成本项目，如果废弃物的循环利用价值不大，只要达到了环保要求，企业的投资意愿则不强。

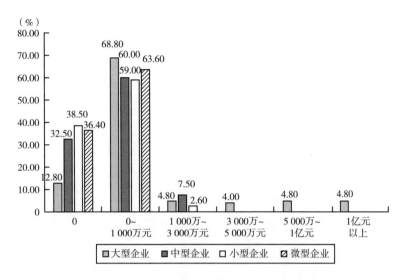

图 4 - 12　样本企业投资废弃物循环利用设备的规模差异

（3）地区差异分析。在调查的样本企业中，各地区企业在废弃物循环利用设备上的投资，同废弃物回收设备投资一样，南昌、新余、抚州和鹰潭表现相对较好，有投资额超过了 3 000 万元的制造企业。这进一步说明，对于企业在废弃物的回收和循环利用上的投资，与各地区的环保政策有关。

7. 用于提升员工低碳技术水平的培训费

（1）行业差异分析。由图 4 - 13 可知，在调查的样本企业中，各类产业的企业在员工低碳技术水平上的投资额主要在 50 万元以内，投资 50 万元以上的资源加工业、机械电子制造业、轻纺工业企业数累计占比依次为 25.3%、13.7% 和 20%。之所以在这项投资中轻纺工业的投资企业数明显增加，是因为轻纺工业是劳动密集型产业，企业员工人数多，相应需要投入的培训费也多。

（2）规模差异分析。从图 4 - 14 可以看出，在调查的样本企业中，不同规模制造企业在员工低碳技术培训上投入的金额大多在 100 万元以内，大型制造企业和中型制造企业投资额超过 100 万元的企业数占同规模样本企业比累计分别为 9.6% 和 2.5%。这说明样本企业在员工低碳技术培训上整体投入不高。

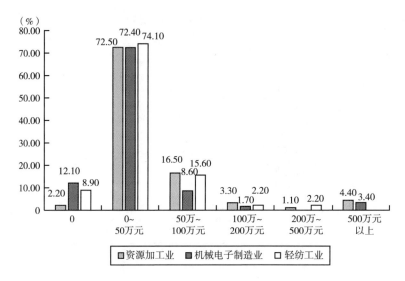

图 4－13 样本企业员工低碳技术水平培训费的行业差异

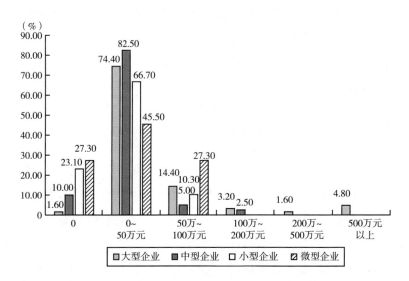

图 4－14 样本企业员工低碳技术水平培训费的规模差异

（3）地区差异分析。企业在培训员工低碳技术水平上投入多少主要与其高管的绿色创新意识密切相关，与企业所处地区关联性不大，所以各地区样本制造企业在培训员工低碳技术水平的投资上表现特征不明显。

8. 用于提升管理者和员工环保意识的经费

（1）行业差异分析。由图 4 - 15 可知，在调查的样本企业中，各类产业的企业在提升管理者和员工环保意识上的投资额主要在 50 万元以内，投资 50 万元以上的资源加工业、机械电子制造业、轻纺工业企业数累计占比依次为 6.6%、5.1% 和 2.2%。可见各类企业对于提升管理者和员工环保意识并不是特别重视，投资不多，像轻纺工业样本企业中投资额都没有超过 100 万元的。

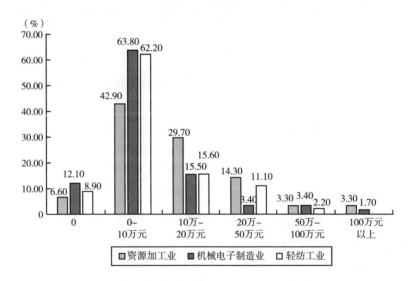

图 4 - 15　样本企业提升管理者和员工环保意识经费的行业差异

（2）规模差异分析。由图 4 - 16 可知，在调查的样本企业中，不同规模制造企业在提升管理者和员工环保意识上投入的金额大多在 50 万元以内，大型制造企业和中型制造企业投资额超过 50 万元的企业数占同规模样本企业比累计分别为 8% 和 2.5%。这说明样本企业在提升管理者和员工环保意识上投入较少。

（3）地区差异分析。企业用于提升管理者和员工环保意识的经费多少，主要与其高管的低碳循环发展理念和重视程度密切相关，与企业所处地区关联性不大，所以各地区样本制造企业在提升管理者和员工环保意识的投资上表现特征不明显。

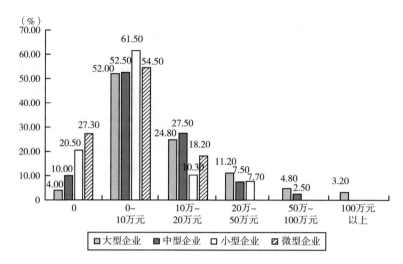

图 4 – 16 样本企业提升管理者和员工环保意识经费的规模差异

9. 投资成立相关环保部门

（1）行业差异分析。由图 4 – 17 可知，江西省样本制造企业整体表现较好，有 67.4% 的样本制造企业成立了相关环保部门。在三类制造业中，轻纺工业企业成立相关环保部门的企业占同业样本企业的比例最高（82.2%），而机械电子制造业最低（53.4%）。

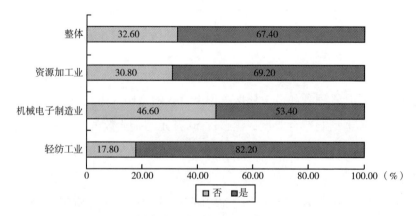

图 4 – 17 样本企业成立相关环保部门的行业差异

（2）规模差异分析。由图 4 – 18 可知，在成立环保部门方面，样本制造企业表现出明显的规模差异，企业规模越大，成立相关环保部门的比例就越

高。大、中、小、微型样本制造企业成立相关环保部门的企业占比依次为
73.6%、65%、53.8%、36.4%。

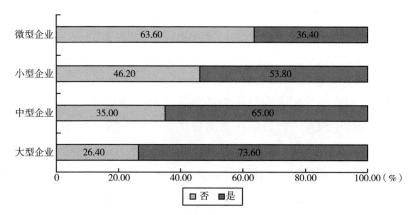

图4－18 样本企业成立相关环保部门的规模差异

（3）地区差异分析。由图4－19可知，除九江外，其他地区在样本制造企业中成立了相关环保部门的企业占比都超过了50%，说明江西省各地区大部分制造企业还是响应地方政府的环保政策要求的。需要说明的是，由于各地区取得的样本企业数差异较大，为避免有些地区因样本数少而导致估算不准确，这里只做粗略估算，尤其是抚州只有一家样本企业，这里比较分析时未考虑在内。

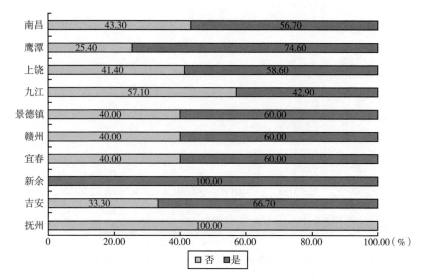

图4－19 样本企业成立相关环保部门的地区差异

三、低碳营运现状分析

1. 使用新型替代能源进行生产的替代率

（1）行业差异分析。从图4-20可以看出，对于调查的样本企业，在使用新型替代能源进行生产方面，各类产业的企业表现差异较大。资源加工业样本企业呈现两个极端，没有使用新型替代能源生产的企业占比在三类制造企业中最高，为17.6%，机械电子制造业和轻纺工业企业的占比分别是13.8%和2.2%；而使用新型替代能源进行生产的替代率超过40%的样本企业累计占比也最高，为17.6%，机械电子制造业和轻纺工业企业分别是13.8%和8.9%。轻纺工业样本企业使用新型替代能源进行生产的企业数占比最高，但替代率大都在40%以下。可见，对于新型替代能源的使用，主要会受客观环境条件的限制，太阳能、风能、水能、生物质能、核能、海洋能、地热能等新型能源的使用，除了会受企业所处地理环境的影响外，还会受相关技术条件的约束，与企业的行业特性关联不大。

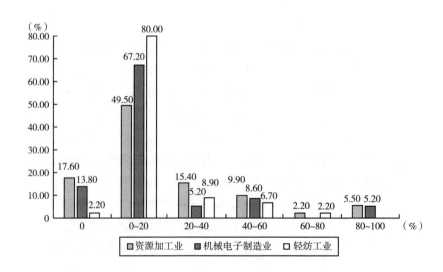

图4-20 样本企业使用新型替代能源进行生产的替代率行业差异

（2）规模差异分析。由图4－21可知，对于调查的样本企业，在使用新型替代能源进行生产方面，大型和小型制造企业呈现出两端较大，而中型和微型制造企业呈现中间集中、两端较小的情况。未使用新型替代能源生产的同规模样本企业中，大型和小型制造企业占比16%和17.9%，高于中型和微型制造企业的7.5%和9.1%；同样，使用新型替代能源生产的替代率超过40%的同规模样本企业中，大型和小型制造企业累计占比18.4%和12.8%，高于中型和微型制造企业的2.5%和9.1%。可见，新型替代能源的使用，主要会受客观环境条件的限制，如地理位置、技术条件、充足供应、安全等，与企业的规模大小关联性不大。

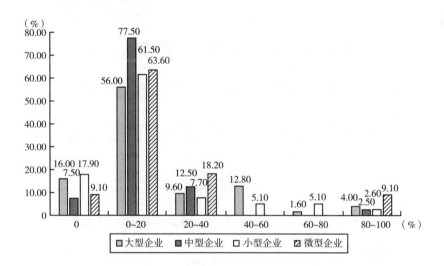

图4－21　样本企业使用新型替代能源进行生产的替代率规模差异

（3）地区差异分析。由于新型替代能源的使用，不仅受企业客观环境条件的限制，如地理位置、技术条件、供应充足、安全等，还会受成本的影响，所以各地区样本企业使用新型替代能源的企业数占同地区样本企业比大多集中在0~40%，超过60%的样本企业数不多。

2. 采购原材料时注重环保质量认证和污染指数

（1）行业差异分析。由图4－22可知，对于采购原材料时是否注重环保质量认证和污染指数，江西样本制造企业整体表现很好，有90.23%的样本企业选择"是"。在三类制造业中，轻纺工业企业注重原材料环保质量认证和污染指数的企业占同业样本企业的比例最高（95.6%），而机械电子制造业最低（81%）。这是因为轻纺工业中食品、纺织、家具等产品与大众日常生活密切相关，消费者对其产品的环保质量关注度非常高，使得企业也必须关注其原材料的环保质量。而机械电子制造业主要涉及通用设备、专用设备、计算机、通信设备、仪器仪表等产品的生产，其中很多工业产品的购买者是企业，不是社会大众，而且其生产中的污染性也不如资源加工业强，相对来说公众对其环保质量的关注度不像另外两个产业那么高。

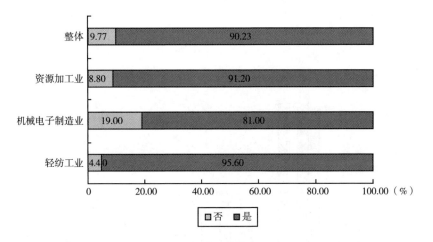

图 4-22 样本企业采购原材料时注重环保质量的行业差异

（2）规模差异分析。从图 4-23 可以看出，对于采购原材料时是否注重环保质量认证和污染指数，样本制造企业表现出明显的规模差异，企业规模越大，注重原材料环保质量的企业数占同规模样本企业的比例就越高。大、中、小、微型样本制造企业成立相关环保部门的企业占比依次为 93.6%、92.5%、84.6%、63.6%。这是由于企业规模越大，越注重企业形象、行业竞争力和长期可持续发展。

（3）地区差异分析。对于采购原材料时是否注重环保质量认证和污染指数，主要与企业的产品特性相关，如果企业产品的消费者关注产品的环保质量，企业为了扩大销售，就会关注原材料的环保质量认证和污染指数，与企业所处地区关联性不大。

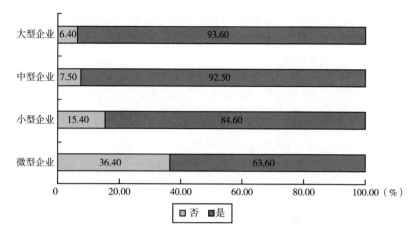

图 4 – 23　样本企业采购原材料时注重环保质量的规模差异

3. 低碳技术在生产各步骤的覆盖使用率

（1）行业差异分析。从图 4 – 24 可以看出，对于低碳技术在生产各步骤的覆盖使用率，在调查的样本企业中，大多数样本企业低碳技术的生产覆盖使用率在 30% 以内，资源加工业企业表现较好，覆盖率在 45% 以上的样本企业占同业样本企业数比累计为 27.5%，远高于机械电子制造业企业的 13.7%

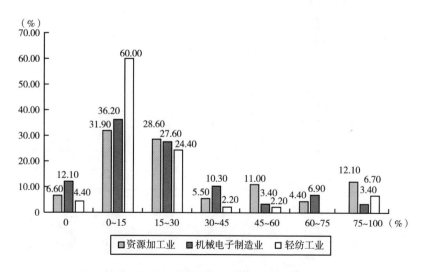

图 4 – 24　样本企业低碳技术生产覆盖率的行业差异

和轻纺工业企业的 8.9%。这与资源加工业企业的产业特性相关,因为该产业是由黑色金属冶炼和压延加工业、有色金属冶炼和压延加工业、非金属矿物制品业、金属制品业、化学原料和化学制品制造业等组成,这些行业内的企业大多属于重污染企业,受到政府环保部门的重点监测,所以必须加强生产过程中的节能减排,以达到相关环保要求。

(2)规模差异分析。由图4-25可知,对于低碳技术在生产各步骤的覆盖使用率,在调查的样本企业中,生产中未使用低碳技术的各种规模企业数占同规模样本企业比为微型企业 27.3%、小型企业 15.4%、中型企业 5%、大型企业 5.6%,生产中使用低碳技术覆盖率在 30% 以上的各种规模企业数占同规模样本企业比累计为微型企业 27.3%、小型企业 23.1%、中型企业 15%、大型企业 28.8%。可见低碳技术的使用具有一定的技术门槛,企业规模越小,技术门槛越高,但一旦企业拥有了低碳技术,无论企业规模大小都会充分利用其节能减排,所以低碳技术生产覆盖率在 30% 以上的微型企业累计占 27.3%,并不比大型企业 28.8% 低很多。

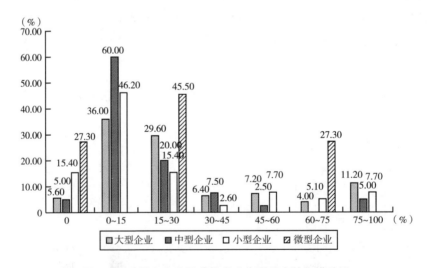

图4-25 样本企业低碳技术生产覆盖率的规模差异

(3)地区差异分析。对于低碳技术在生产各步骤的覆盖使用率,各地区样本企业中,表现较好的有南昌、上饶、九江、赣州、新余、吉安和抚州,低碳技术的生产覆盖率超过 45% 的企业数占各地区样本企业比累计大于 20%。

4. 销售产品所使用的包装物

由图 4-26 可知，在调查的样本企业中，对于销售的工业产品采用一次性包装的企业占比最高，为 59.07%；使用环保可降解包装和重复利用包装的企业占比不高，只有 37.67% 和 33.49%。可能由于产品的特性，还有14.88% 样本企业的工业产品不使用包装。

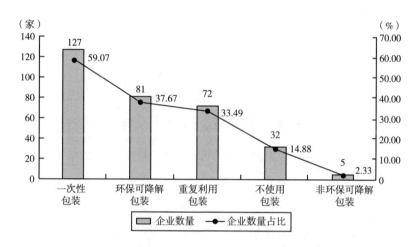

图 4-26　样本企业销售产品使用包装物的总体情况

5. 平均每年用于对外宣传产品低碳环保的经费

（1）行业差异分析。从图 4-27 可以看出，对于平均每年用于对外宣传产品低碳环保的经费，在调查的样本企业中，没有投入经费的企业数占同业样本企业比由高到低是机械电子制造业企业 24.1%、资源加工业企业12.1%、轻纺工业企业 2.2%；投入经费超过 10 万元的企业数占同业样本企业比由高到低是资源加工业企业 40.7%、轻纺工业企业 22.3%、机械电子制造业企业 17.2%。数据表明，样本企业中机械电子制造业企业对宣传产品低碳环保投入最少，这是因为机械电子制造业主要包括通用设备、专用设备、计算机、通信设备、仪器仪表等产品的生产，这些产品不像轻纺工业中食品、纺织、家具等产品与大众生活密切相关，也不如资源加工业产品的生产污染性强，所以投入相对较少。

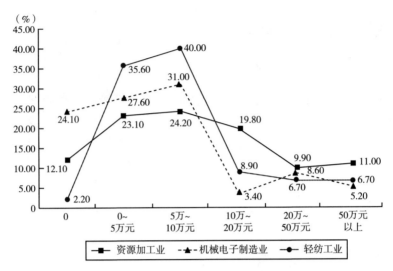

图 4-27　样本企业每年宣传产品低碳环保的经费行业差异

（2）规模差异分析。从图 4-28 可以看出，对于平均每年用于对外宣传产品低碳环保的经费，在调查的样本企业中，规模的差异性并不明显。这是因为企业在产品低碳环保宣传方面的投入主要与企业的产品特性相关，如果产品的低碳环保会影响其市场销售，无论企业规模大小，企业要想提高产品市场竞争力和扩大销售收入，就会加大产品低碳环保方面的投入。

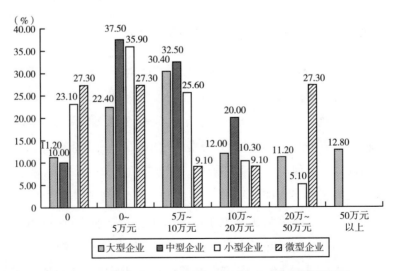

图 4-28　样本企业每年宣传产品低碳环保的经费规模差异

（3）地区差异分析。同样，各地区样本制造企业在对外宣传产品低碳环保的投资上表现特征不明显。企业在产品低碳环保宣传方面的投入主要与企业的产品特性相关，与企业所处地区关联性不大。

6. 销售产品所采用的运输方式

由图 4 - 29 可知，在调查的样本企业中，销售产品采用的主要运输方式是公路运输和铁路运输，其中，公路运输的占比最高，为 91.63%，铁路运输占比 58.14%。另外，较常用的运输方式有水路运输和航空运输，占比分别为 22.33% 和 20.00%。采用最少的是管道运输 1.86%。通过企业调研了解到，企业销售产品采用何种运输方式主要受运输工具的便利性、成本高低和产品特性的影响，而节能环保并不是企业在选择产品运输方式时考虑的主要因素。

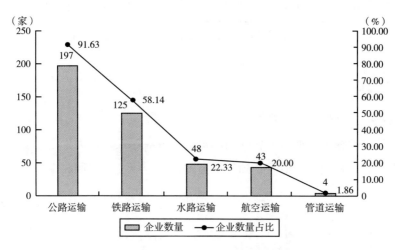

图 4 - 29　样本企业销售产品采用的运输方式

7. 废料的回收率

（1）行业差异分析。由图 4 - 30 可知，在废料回收率方面，调查的样本企业中大多数制造企业的废料回收率在 0 ~ 25%，不回收的企业比率很低。废料回收率比较高的是资源加工业，其废料回收率超过 50% 的企业数占同业样本企业比累计为 38.5%，远高于机械电子制造业企业（22.3%）和轻纺工业企业（8.8%）。这与资源加工业的产品特性相关，该产业的产品主要是黑色金属、有色金属、非金属矿物制品、金属制品、化学原料和化学制品等，废料可能仍有很高的利用价值或者有一定的污染性，需要尽可能回收，所以废料回收率高，不回收的样本企业数为0。

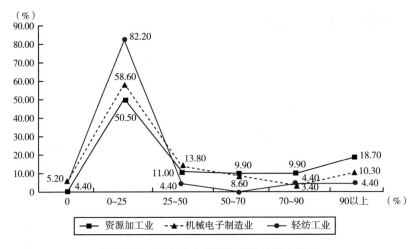

图4-30　样本企业废料回收率的行业差异

（2）规模差异分析。从图4-31可以看出，对于废料回收率，在调查的样本企业中，规模的差异性并不明显。这是因为企业的废料回收率主要与企业的产品特性相关，如果废料的利用价值大或有污染性，无论企业规模大小，企业为提高材料利用价值和达到环保要求，就会提高废料回收率。

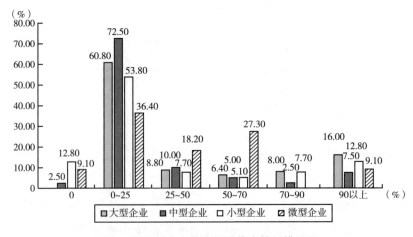

图4-31　样本企业废料回收率的规模差异

（3）地区差异分析。同样，各地区样本制造企业在废料回收率上表现特征不明显。企业的废料回收率主要与企业的产品特性、废料利用价值和污染性相关，与企业所处地区关联性不大。

8. 废料的利用率

（1）行业差异分析。由图 4 – 32 可知，在废料利用率方面，调查的样本企业中大多数制造企业的废料利用率小于 25%。废料利用率比较高的是资源加工业，其废料利用率超过 50% 的企业数占同业样本企业比累计为 37.4%，远高于机械电子制造业企业（12.1%）和轻纺工业企业（8.9%）。这与资源加工业的产品特性相关，该产业的产品主要是黑色金属、有色金属、非金属矿物制品、金属制品、化学原料和化学制品等，废料仍有很高的利用价值，企业会尽可能回收利用，不回收利用的样本企业数为 0。

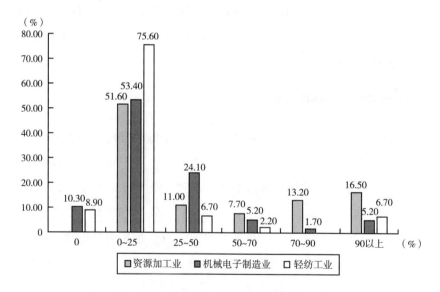

图 4 – 32　样本企业废料利用率的行业差异

（2）规模差异分析。从图 4 – 33 可以看出，对于废料利用率，在调查的样本企业中，规模的差异性并不明显。这是因为企业的废料利用率主要与企业的产品特性相关，如果废料的利用价值大，无论企业规模大小，企业为降低成本和提高材料利用价值，都会想办法提高废料利用率。

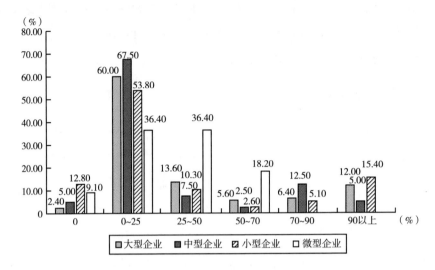

图 4 - 33　样本企业废料利用率的规模差异

（3）地区差异分析。同样，各地区样本制造企业在废料利用率上表现特征不明显。企业的废料利用率主要与企业的产品特性和废料利用价值相关，与企业所处地区关联性不大。

9. 平均每年排污费投入额

（1）行业差异分析。由图 4 - 34 可知，对于每年排污费的投入，在调查的样本企业中，大多数制造企业的排污费投入额小于 150 万元。投入比较高的是资源加工业企业，其每年排污费投入超过 150 万元的企业数占同业样本企业比累计为 44%，远高于轻纺工业企业（15.8%）和机械电子制造业企业（11.9%）。这与资源加工业的产品特性相关，该产业是由黑色金属冶炼和压延加工业、有色金属冶炼和压延加工业、非金属矿物制品业、金属制品业、化学原料和化学制品制造业等组成，这些行业内的企业大多属于重污染企业，其污染物的排放受到政府环保部门的重点监测，所以必须加强末端的污染治理，以达到相关环保要求。

（2）规模差异分析。由图 4 - 35 可知，在调查的样本企业中，每年排污费的投入呈现一定的规模差异性，大、中、小型制造企业每年排污费的投入超过 150 万元的企业数占同规模样本企业比累计分别为 38.4%、15%、

2.6%，大型制造企业中有 15.2% 的样本企业每年排污费投入甚至超过了 1 000 万元，而微型制造企业每年排污费投入没有超过 150 万元的。这说明企业规模越大，生产的产品越多，排放的废水、废气、废渣量越多，也需要投入更多的排污费进行治理。

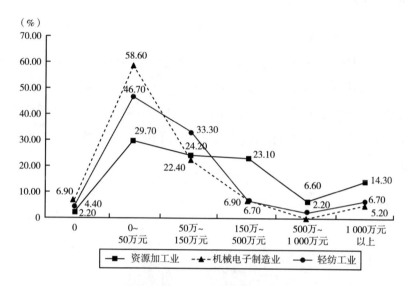

图 4 - 34 样本企业每年排污费的行业差异

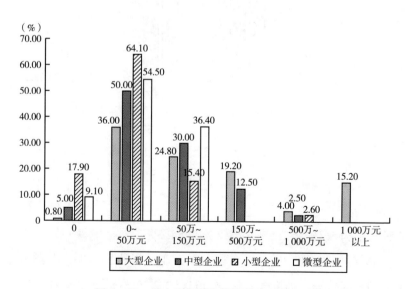

图 4 - 35 样本企业每年排污费的规模差异

（3）地区差异分析。由于南昌、新余、赣州、抚州和景德镇的样本企业中有很多大型资源加工业企业，所以这些地区的样本企业每年排污费投入大于150万元的企业数占同地区样本企业比累计超过了30%。

10. 低碳经营行为在行业内的水平

（1）行业差异分析。由图4-36可知，江西省样本制造企业的低碳经营在行业内大多处于良好和中等水平，在行业内处于领先水平的企业数占同业样本企业比最高的是资源加工业企业（12.1%）。这主要是因为江西省的资源较为丰富，尤其是有色金属，有较多的资源型企业。在样本企业中，资源型企业占42.33%，其中包括了江西铜业、江西钨业等一些技术水平领先的大企业。

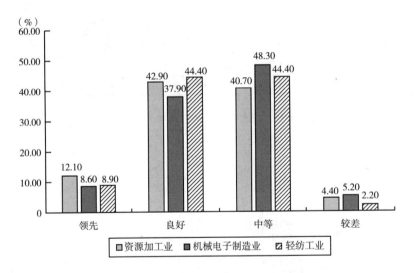

图4-36　样本企业低碳经营行为行业内水平的行业差异

（2）规模差异分析。由图4-37可以看出，在调查的样本企业中，低碳经营在行业内处于良好水平以上的大、中、小、微型企业数占同规模样本企业比累计分别为56%、52.5%、48.7%和54.6%。

（3）地区差异分析。对于低碳经营在行业内所处的水平，在样本企业中没有明显的地区差异，因为各地区都有自己的特色资源和优势产业，地方政府为了提升地方经济都会支持自己的优势产业和龙头企业做大做强。

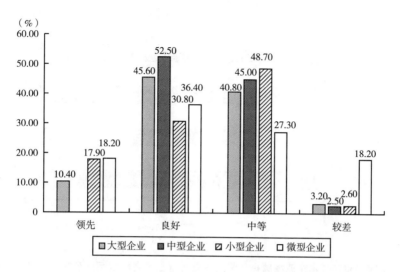

图 4 - 37　样本企业低碳经营行为行业内水平的规模差异

四、低碳管理制度分析

1. 将碳排放量纳入管理层业绩考核指标体系

（1）行业差异分析。由图 4 - 38 可以看出，对于是否将碳排放量纳入管理层业绩考核指标体系，样本企业整体表现良好，纳入管理层业绩考核指标体系的企业占比是 80.47%，在各类制造业产业中，资源加工业和轻纺工业企业将碳排放量纳入管理层业绩考核指标体系的企业数占同业样本企业比都在 85% 左右，但机械电子制造业企业仅有 70.7%。

（2）规模差异分析。由图 4 - 39 可以看出，对于是否将碳排放量纳入管理层业绩考核指标体系，在调查的样本企业中，大型和中型制造企业的表现差不多，将碳排放量纳入管理层业绩考核指标体系的企业数占同规模样本企业比都是 80%，小型企业表现略差些，而微型样本企业却是 100%。一方面，这可能是因为碳排放量与电和燃料的耗用量密切相关，微型企业竞争力弱、利润薄，为了获得更多利润在成本管控上要求更严；另一方面，可能是由于微型样本企业数不多，只有 11 家，代表性有限。

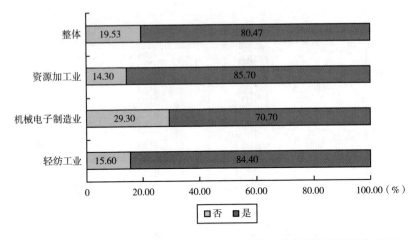

图4-38 样本企业将碳排放量纳入管理层业绩考核指标体系的行业差异

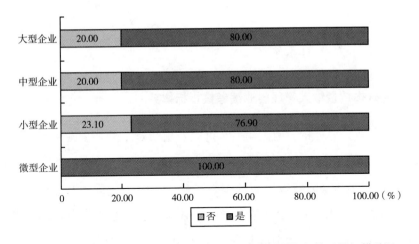

图4-39 样本企业将碳排放量纳入管理层业绩考核指标体系的规模差异

（3）产权差异分析。由图4-40可以看出，对于是否将碳排放量纳入管理层业绩考核指标体系，在调查的样本企业中，国有企业表现不如非国有企业，非国有企业中将碳排放量纳入管理层业绩考核指标体系的企业占比达到了81.1%，可能是因为碳排放量与电和燃料的耗用量密切相关，直接关系到企业成本，而非国有企业市场竞争更激烈，相比国有企业更看重企业绩效。

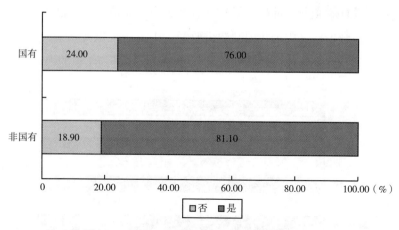

图 4 – 40　样本企业将碳排放量纳入管理层业绩考核指标体系的产权差异

（4）上市与非上市差异分析。由图 4 – 41 可知，对于是否将碳排放量纳入管理层业绩考核指标体系，在调查的样本企业中，上市公司和非上市公司没有明显差别。

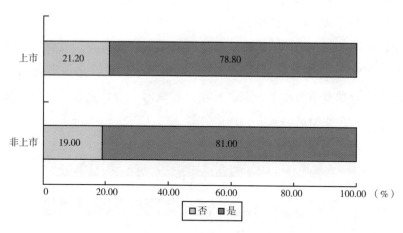

图 4 – 41　样本企业将碳排放量纳入管理层业绩考核指标体系的治理结构差异

2. 环境效益是企业评估投资项目的重要因素

（1）行业差异分析。由图 4 – 42 可知，对于是否将环境效益作为评估投资项目的重要因素，样本企业整体表现很好，占比达到 92.56%。在各类制造业产业中，资源加工业和轻纺工业企业将环境效益作为评估投资项目重要因素的企业数占同业样本企业比都超过了93%，机械电子制造业企业也将近90%。这说明环境效益评价已经成为我国制造企业经营中考虑的重要因素，尤其是像资源加工业这类重污染企业，环境效益是其可持续发展必须考虑的因素。

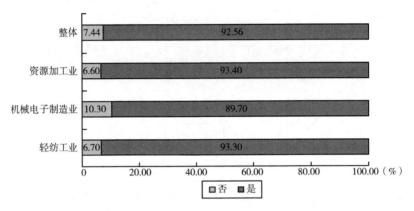

图4-42   样本企业将环境效益作为评估投资项目重要因素的行业差异

（2）规模差异分析。由图4-43可知，对于是否将环境效益作为评估投资项目的重要因素，在调查的样本企业中，除了小型企业，大、中和微型制造企业将环境效益作为评估投资项目重要因素的企业数占同规模样本企业比都超过了90%，其中大型制造企业甚至达到了95.2%。这说明企业规模越大，经济实力和竞争力越强，在进行项目投资时，会从企业长期发展战略来决策，考虑一些非财务因素，如环境效益。

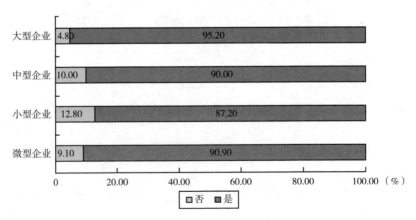

图4-43   样本企业将环境效益作为评估投资项目重要因素的规模差异

（3）产权差异分析。由图 4 - 44 可知，对于是否将环境效益作为评估投资项目的重要因素，在调查的样本企业中，国有企业表现比非国有企业更好，比例达到了 96%。这是由于国有企业承担了更多的社会责任，在经营中更强调环境效益与经济效益并重。

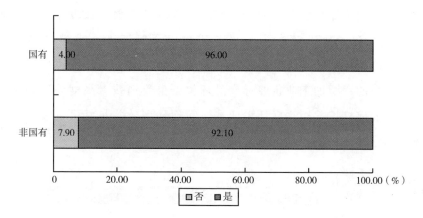

图 4 - 44 样本企业将环境效益作为评估投资项目重要因素的产权差异

（4）上市与非上市差异分析。从图 4 - 45 可知，对于是否将环境效益作为评估投资项目的重要因素，在调查的样本企业中，上市企业比非上市企业更看重环境效益，将环境效益作为评估投资项目重要因素的企业占比达到了 96.2%。这是因为上市企业需要在证券市场上募集资金，必须定期披露年报、社会责任报告等，社会责任履行好坏会对其股票价格产生影响。

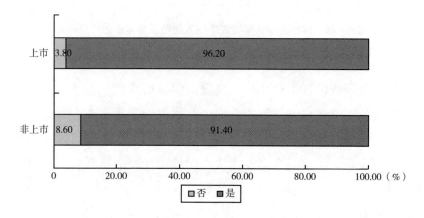

图 4 - 45 样本企业将环境效益作为评估投资项目重要因素的治理结构差异

3. 将环境成本纳入财务核算体系

（1）行业差异分析。由图 4-46 可知，对于是否将环境成本纳入财务核算体系，样本企业整体表现良好，占比达到 86.05%。在各类制造业产业中，资源加工业和轻纺工业企业将环境成本纳入财务核算体系的企业数占同业样本企业比都超过了 87%，机械电子制造业企业略差些，也有81%。这说明环境成本已经成为制造企业经营中必须考虑的重要因素，尤其是重污染的资源加工业企业和产品环保质量受消费者高度关注的轻纺工业企业，如何核算并控制好环境成本以实现环境效益是其可持续发展必须解决的问题。

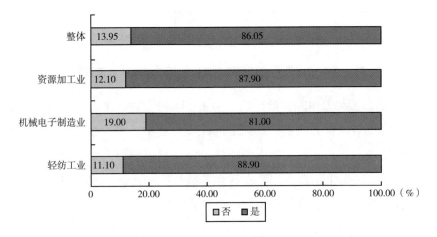

图 4-46　样本企业将环境成本纳入财务核算体系的行业差异

（2）规模差异分析。由图 4-47 可知，对于是否将环境成本纳入财务核算体系，在调查的样本企业中，呈现出明显的规模差异性，企业规模越大，将环境成本纳入财务核算体系的企业数占同规模样本企业比越高，其中大型制造企业达到了 88.8%。这说明企业规模越大，经济实力越强，财务制度会更完善，决策时会更多地从企业长期发展战略和获得竞争优势上考虑问题。

（3）产权差异分析。由图 4-48 可知，对于是否将环境成本纳入财务核算体系，在调查的样本企业中，国有企业表现比非国有企业更好，比例达到了88%。这是由于国有企业承担了更多的社会责任，在追求环境效益与经济效益并重时，会把由此产生的环境成本纳入财务核算体系，以便准确核算环境成本效益。

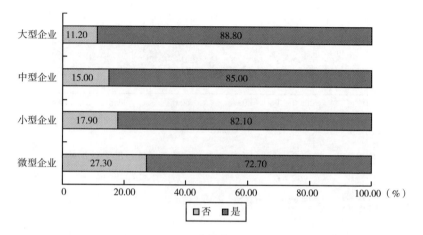

图4-47　样本企业将环境成本纳入财务核算体系的规模差异

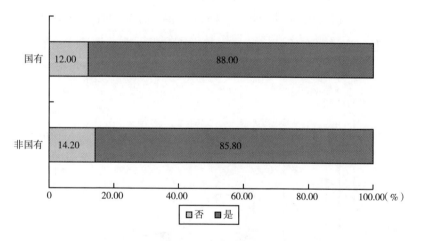

图4-48　样本企业将环境成本纳入财务核算体系的产权差异

（4）上市与非上市差异分析。由图4-49可知，对于是否将环境成本纳入财务核算体系，在调查的样本企业中，上市企业比非上市企业制度更完善，将环境成本纳入财务核算体系的企业占比达到了90.4%。因为上市企业需要定期披露年报、社会责任报告等，必须建立完善的公司治理制度。

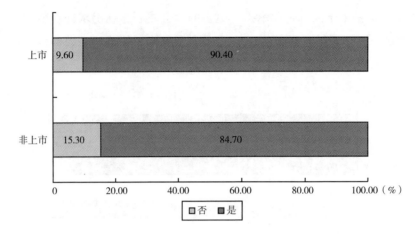

图 4 – 49　样本企业将环境成本纳入财务核算体系的治理结构差异

4. 披露低碳、环保信息的渠道

由图 4 – 50 可知，样本企业披露低碳、环保信息的主要渠道是上报政府环保部门和年报，占比分别是 51.16% 和 42.79%，其次是社会责任报告 23.72%，其他渠道的占比都不超过 15%，甚至有 7.91% 的企业不披露低碳和环保信息。这说明在环保信息披露这方面，上市企业按要求会在年报中披露，而非上市企业除非政府部门要求上报，否则自愿披露的很少。

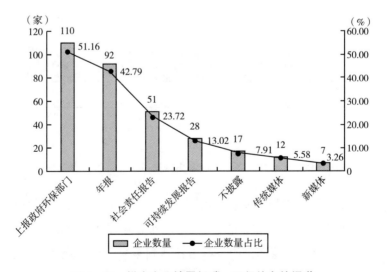

图 4 –50　样本企业披露低碳、环保信息的渠道

5. 对员工的用电及资源消耗行为进行制度约束

（1）行业差异分析。从图4－51可以看出，对于是否对员工的用电及资源消耗行为进行制度约束，样本企业整体表现很好，占比达到93.49%。在各类制造业产业中，机械电子制造业和资源加工业企业对员工的用电及资源消耗进行制度约束的企业数占同业样本企业比为96.6%和92.3%，轻纺工业企业略差些，也达到88.9%。这说明电力和资源消耗是各类企业控制成本时普遍关注的重要因素，样本企业中机械电子制造业企业表现较突出。

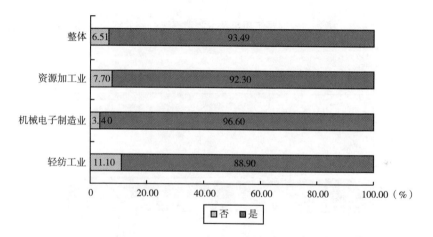

图4－51　样本企业对员工用电及资源消耗进行制度约束的行业差异

（2）规模差异分析。从图4－52可以看出，对于是否对员工的用电及资源消耗行为进行制度约束，在调查的样本企业中，大型和中型企业对员工用电及资源消耗进行制度约束的企业数占同规模样本企业比为94.4%和97.5%，高于微型和小型企业的90.9%和87.2%。这说明企业规模越大，制度建设相对更完善。

（3）产权差异分析。由图4－53可知，对于是否对员工的用电及资源消耗行为进行制度约束，在调查的样本企业中，非国有企业表现比国有企业更好，比例达到了92.6%，远高于国有企业的72%。这是由于非国有企业面临着更激烈的市场竞争，更关注节支降耗，控制电力与资源消耗成本。

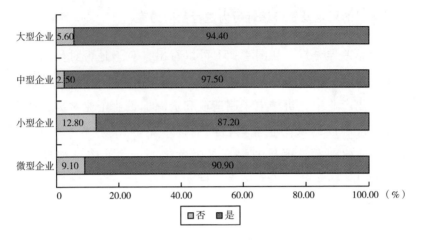

图 4 – 52　样本企业对员工用电及资源消耗进行制度约束的规模差异

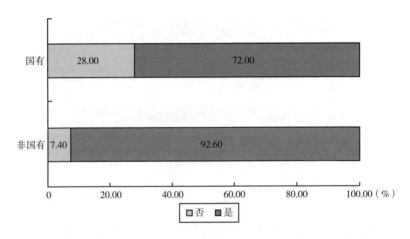

图 4 – 53　样本企业对员工用电及资源消耗进行制度约束的产权差异

（4）上市与非上市差异分析。由图 4 – 54 可知，对于是否对员工的用电及资源消耗行为进行制度约束，在调查的样本企业中，上市企业与非上市企业进行制度约束的企业数占比都超过了 90%，都很重视约束员工的用电及资源消耗行为，以控制电力与资源消耗成本，其中非上市样本企业的关注度更高些。

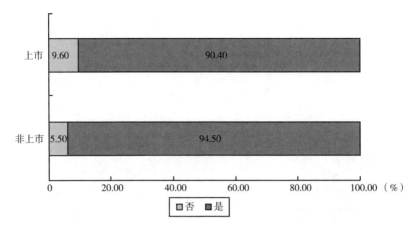

图 4 – 54　样本企业对员工用电及资源消耗进行制度约束的治理结构差异

五、低碳营运效果分析

1. 实施低碳经营后销售额提升

（1）行业差异分析。从图 4 – 55 可以看出，样本制造企业实施低碳经营后销售额大多有提升，提升额集中在 500 万元以内。在各类制造业产业中，资源加工业企业的表现最好，销售额提升超过 500 万元的企业数占同业样本企业比累计 48.4%，高于机械电子制造业企业的 25.8% 和轻纺工业企业的 11.1%；销售额没有提升的企业数占同业样本企业比仅 8.8%，低于机械电子制造业企业的 20.7% 和轻纺工业企业的 13.3%。这说明对于重污染的资源加工业企业，低碳经营是促进其转型升级、增强竞争力和提升销售额的有效途径。

（2）规模差异分析。从图 4 – 56 可以看出，样本制造企业实施低碳经营后销售额的提升有明显的规模差异，大、中、小和微型样本制造企业实施低碳经营后销售额提升超过 100 万元的企业数占同规模样本企业比累计依次为 68%、45%、18% 和 27.3%，实施低碳经营后销售额没有提升企业数占同规模样本企业比依次为 9.6%、7.5%、23.1% 和 45.5%。这说明规模较大的企业，在实施低碳经营后会产生一定的规模效应，带来较大的经营杠杆作用，

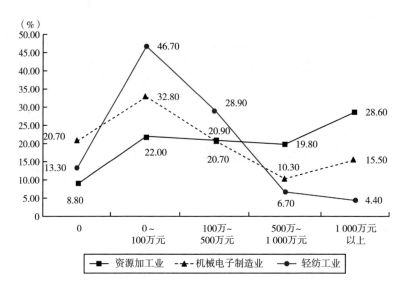

图4-55 样本企业实施低碳经营后销售额提升的行业差异

促进其销售额较大增长，像大型样本制造企业在实施低碳经营后销售额增长超过1 000万元的企业数占同规模样本企业比达到了28.8%，而规模较小的企业，经营杠杆作用较小，销售额基数低、增长额也较小。

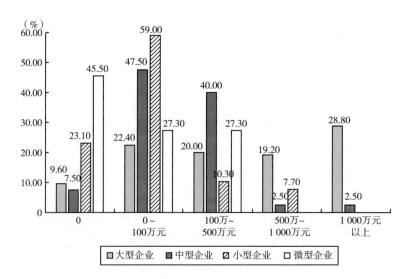

图4-56 样本企业实施低碳经营后销售额提升的规模差异

（3）地区差异分析。由于南昌和宜春的样本企业主要是大型资源加工业企业和大型机械电子制造业企业，新余、赣州和抚州的样本企业也大都是大型资源加工业企业，所以南昌、宜春、新余、赣州和抚州的样本企业在实施低碳经营后销售额提升500万元以上的企业数占同地区样本企业数比累计都超过了40%。这与各地区样本企业的行业属性和规模特征密切相关。

2. 实施低碳经营后平均每年节约成本

（1）行业差异分析。从图4－57可以看出，样本制造企业实施低碳经营后成本大多有节约，年均成本节约额集中在150万元以内。在各类制造业产业中，资源加工业企业的成本节约成效最好，年均成本节约超过150万元的企业数占同业样本企业比累计40.7%，远高于机械电子制造业企业的22.3%和轻纺工业企业的17.8%；年均成本节约超过1 000万元的企业占比为6.6%，仍高于机械电子制造业企业的3.4%和轻纺工业企业的2.2%。这说明低碳经营理念所推行的低能耗、低排放、低污染是促进企业节支降耗的有效途径，尤其是重污染的资源加工业企业成效更明显。

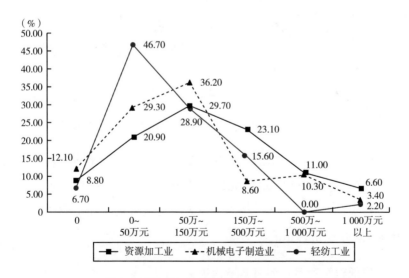

图4－57　样本实施低碳经营后平均每年节约成本的行业差异

（2）规模差异分析。从图4-58可以看出，样本制造企业实施低碳经营后成本节约成效也有较明显的规模差异，大、中、小和微型样本制造企业实施低碳经营后年均成本节约超过50万元的企业数占同规模样本企业比累计依次为73.6%、42.5%、23.2%和45.5%，实施低碳经营后没有节约成本的企业数占同规模样本企业比依次为4%、7.5%、25.6%和27.3%。这说明规模较大的企业，在实施低碳经营后会产生一定的规模效应，促进其成本更多节约，像大型样本制造企业在实施低碳经营后年均成本节约超过500万元的企业数占同规模样本企业比达到了19.2%，而规模较小的企业，成本基数较低，节约额也相对较小。再有影响成本的因素较多，小微企业实施低碳经营后未节约成本的企业占比较高可能是其他因素导致。

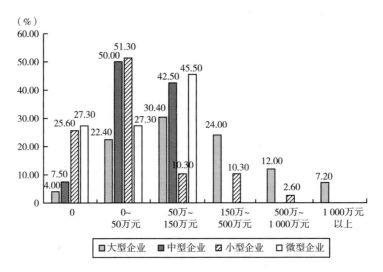

图4-58 样本实施低碳经营后平均每年节约成本的规模差异

（3）地区差异分析。南昌、宜春、新余、赣州和抚州的样本企业在实施低碳经营后年均成本节约150万元以上的企业数占同地区样本企业数比累计都超过了35%，这与这些地区样本企业大多是大型资源加工业企业和大型机械电子制造业企业密切相关。

3. 实施低碳经营后平均每年节约电量

（1）行业差异分析。从图4-59可以看出，样本制造企业实施低碳经营后普遍都节约了电量，年均节约电量集中在 50 万度以内。在各类制造业产业中，资源加工业企业和机械电子制造业企业的电量节约成效更好，年均电量节约超过 50 万度的企业数占同业样本企业比累计分别为 18.7% 和 24.2%，远高于轻纺工业企业的 4.4%。这说明低能耗、低排放、低污染的低碳经营能有效促进企业降低能耗。

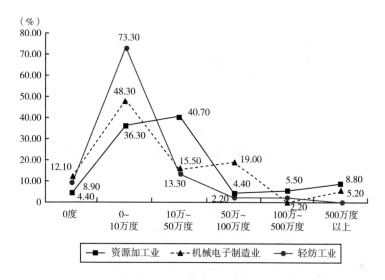

图 4-59 样本实施低碳经营后平均每年节约电量的行业差异

（2）规模差异分析。由图 4-60 可知，样本制造企业实施低碳经营后电量节约成效有明显的规模差异，大、中、小和微型样本制造企业实施低碳经营后年均节约电量超过 50 万度的企业数占同规模样本企业比累计依次为 58.4%、27.5%、12.9% 和 0，实施低碳经营后没有节约电量的企业数占同规模样本企业比依次为 3.2%、10%、20.5% 和 27.3%。这说明规模较大的企业，在实施低碳经营后会产生一定的规模效应，促进经营效率的快速提升，从而促进其节约更多电量，像大型样本制造企业在实施低碳经营后年均电量节约超过 100 万度的企业数占同规模样本企业比达到了 13.6%。而小微企业实施低碳经营后没有节约电量的企业占比较高可能是因为企业市场竞争力较小，为争夺更多市场份额和扩大销售，电量的节约成效不明显。

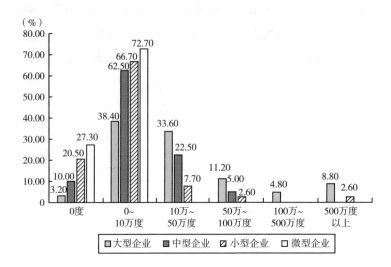

图4-60　样本实施低碳经营后平均每年节约电量的规模差异

（3）地区差异分析。对于低碳经营后年均节约电量，在样本企业中没有明显的地区差异，因为电量的消耗主要与企业的行业特性、规模大小、产品产销量密切相关，与企业所在地区关联性不大。

4. 实施低碳经营后年均废水排放量减少

（1）行业差异分析。由图4-61可知，样本制造企业实施低碳经营后，年均废水排放量减少集中在3 000吨以内。在各类制造业产业中，资源加工业企业和机械电子制造业企业的废水减排成效较好，年均废水减排量超过3 000吨的企业数占同业样本企业比累计分别为16.5%和12%，远高于轻纺工业企业的4.4%。这说明废水的排放量与企业的行业特性密切相关，废水排放量多的制造企业，实施低碳经营后废水减排成效会更显著。

（2）规模差异分析。由图4-62可知，样本制造企业实施低碳经营后废水减排成效有较明显的规模差异，大、中、小和微型样本制造企业实施低碳经营后年均废水减排量超过1 000吨的企业数占同规模样本企业比累计依次为33.6%、25%、25.6%和0。这说明规模较大的企业，生产量大产生的废水相对较多，实施低碳经营后对废水进行循环利用，废水减排成效相对更明显，像大型样本制造企业在实施低碳经营后年均废水减排量超过 10 000 吨的企业数占同规模样本企业比为 9.6%。

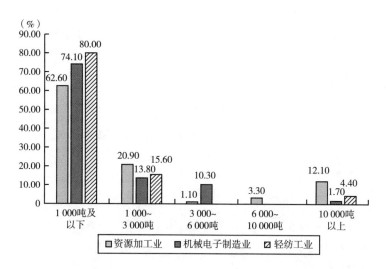

图 4 - 61　样本实施低碳经营后年均废水排放量减少的行业差异

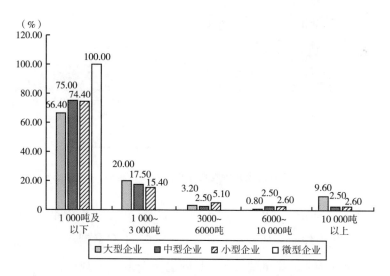

图 4 - 62　样本实施低碳经营后年均废水排放量减少的规模差异

（3）地区差异分析。对于低碳经营后年均废水减排量，在调查的样本企业中没有明显的地区差异，因为废水的排放量主要与企业的行业特性、规模大小、产品产量密切相关，与企业所在地区关联不大。

5. 实施低碳经营后年均废渣排放量减少

（1）行业差异分析。从图 4-63 可以看出，样本制造企业实施低碳经营后，年均废渣排放量减少集中在 3 000 吨以内。在各类制造业产业中，资源加工业企业的废渣减排成效较好，年均废渣减排量超过 3 000 吨的企业数占同业样本企业比累计为 14.3%，远高于机械电子制造业企业的 6.8% 和轻纺工业企业的 4.4%。这说明废渣的排放量与企业的行业特性密切相关，废渣排放量多的制造企业，实施低碳经营后废渣减排成效会更显著。

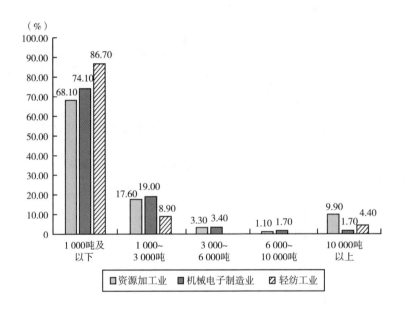

图 4-63　样本实施低碳经营后年均废渣排放量减少的行业差异

（2）规模差异分析。从图 4-64 可以看出，样本制造企业实施低碳经营后废渣减排成效有较明显的规模差异，大、中、小和微型样本制造企业实施低碳经营后年均废渣减排量超过 1 000 吨的企业数占同规模样本企业比累计依次为 28.8%、22.5%、23.1% 和 9.1%。这说明规模较大的企业，生产量大，产生的废渣相对较多，实施低碳经营后对废渣进行回收再利用，废渣减排成效相对更明显，像大型样本制造企业在实施低碳经营后年均废渣减排量超过 10 000 万吨的企业数占同规模样本企业比为 8.8%。

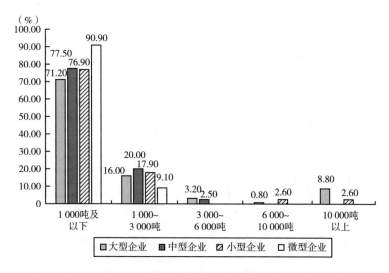

图 4 - 64　样本实施低碳经营后年均废渣排放量减少的规模差异

（3）地区差异分析。对于低碳经营后年均废渣减排量，在调查的样本企业中没有明显的地区差异，因为废渣的排放量主要与企业的行业特性、规模大小和产品产量密切相关，与企业所在地区关联性不大。

6. 实施低碳经营后年均氮氧化物排放量减少

（1）行业差异分析。从图 4 - 65 可以看出，样本制造企业实施低碳经营后，年均氮氧化物排放量减少集中在 25 吨及以下。在各类制造业产业中，资源加工业和机械电子制造业企业的氮氧化物减排成效较好，年均氮氧化物减排量超过 25 吨的企业数占同业样本企业比累计分别为 27.5% 和 25.9%，高于轻纺工业企业（17.8%）。这说明氮氧化物的排放量与企业的行业特性密切相关，氮氧化物排放量多的制造产业，实施低碳经营后氮氧化物减排成效会更显著。

（2）规模差异分析。从图 4 - 66 可以看出，样本制造企业实施低碳经营后氮氧化物减排成效的规模差异不是很明显，除了微型制造企业，大、中、小型样本制造企业实施低碳经营后年均氮氧化物减排量超过 25 吨的企业数占同规模样本企业比累计依次为 26.4%、27.5% 和 28.2%，超过 75 吨的企业数占比累计依次为 8.8%、2.5% 和 2.6%。虽然政府对于企业氮氧化物的排

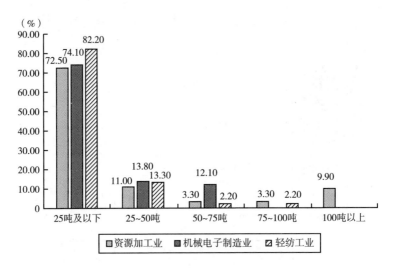

图 4 - 65　样本实施低碳经营后年均氮氧化物排放量减少的行业差异

放制定了排放浓度和总量的要求，但在核定总量时已经考虑到企业的规模大小，而企业对于其所排放的大气污染物进行末端治理需要投入大量的成本，所以达到环保部门的要求后，企业进一步减排的动力就会下降。

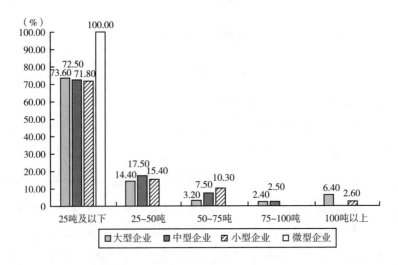

图 4 - 66　样本实施低碳经营后年均氮氧化物排放量减少的规模差异

（3）地区差异分析。对于低碳经营后年均氮氧化物减排量，在调查的样本企业中没有明显的地区差异，虽然氮氧化物的排放浓度和总量会受其所在地区政府环保监测的约束，但企业排放只要达标不触碰红线就行。

7. 实施低碳经营后年均二氧化硫排放量减少

（1）行业差异分析。由图 4 – 67 可知，样本制造企业实施低碳经营后，年均二氧化硫排放量减少集中在 25 吨及以下。在各类制造业产业中，资源加工业企业的二氧化硫减排成效较好，年均二氧化硫减排量超过 25 吨的企业数占同业样本企业比累计为 31.9%，高于机械电子制造业和轻纺工业企业的 25.9% 和 22.2%。这说明二氧化硫的排放量与企业的行业特性密切相关，二氧化硫排放量多的制造产业，实施低碳经营后二氧化硫减排成效会更显著。

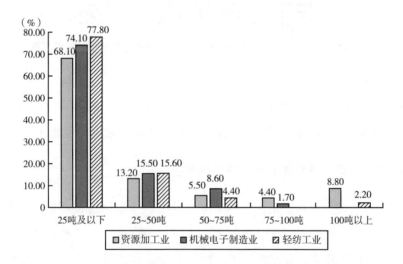

图 4 – 67　样本实施低碳经营后年均二氧化硫排放量减少的行业差异

（2）规模差异分析。由图 4 – 68 可以看出，样本制造企业实施低碳经营后二氧化硫减排成效的规模差异不是很明显，除了微型制造企业，大、中、小型样本制造企业实施低碳经营后年均二氧化硫减排量超过 25 吨的企业数占同规模样本企业比累计依次为 29.6%、22.5% 和 33.3%，超过 50 吨的企业数占比累计依次为 16%、7.5% 和 7.7%。政府对于企业二氧化硫的排放也制定了排放浓度和总量的要求，在核定总量时已经考虑到企业的规模大小，所以企业排放只要达到环保部门的要求就行，不会极力追求减排的增量效果。

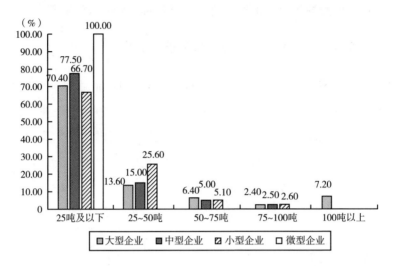

图 4 - 68   样本实施低碳经营后年均二氧化硫排放量减少的规模差异

（3）地区差异分析。同样，对于低碳经营后年均二氧化硫减排量，在调查的样本企业中没有明显的地区差异，虽然企业二氧化硫的排放浓度和总量会受其所在地区政府环保部门的监控，但只要达标不触碰红线就行。

8. 实施低碳经营后年均粉尘排放量减少

（1）行业差异分析。由图 4 - 69 可以看出，样本制造企业实施低碳经营后，年均粉尘排放量减少集中在 25 吨及以下。在各类制造业产业中，资源加工业企业的粉尘减排成效较好，年均粉尘减排量超过 25 吨的企业数占同业样本企业比累计为 29.7%，高于机械电子制造业和轻纺工业企业的 22.4% 和 17.8%。这说明粉尘的排放量与企业的行业特性密切相关，粉尘排放量多的制造产业，实施低碳经营后粉尘减排成效会更显著。

（2）规模差异分析。由图 4 - 70 可以看出，样本制造企业实施低碳经营后粉尘减排成效的规模差异不是很明显，除了微型制造企业，大、中、小型样本制造企业实施低碳经营后年均粉尘减排量超过 25 吨的企业数占同规模样本企业比累计依次为 26.4%、22.5% 和 28.2%，超过 75 吨的企业数占比累计依次为 7.2%、2.5% 和 2.6%。政府对于企业粉尘的排放也制定了排放浓度和总量的要求，在核定总量时已考虑到企业生产规模的大小，所以企业排放在达到环保部门的要求后，进一步减排的增量多少主要取决于企业的意愿。

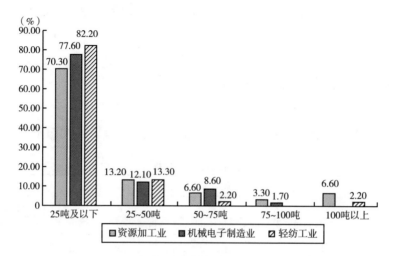

图4-69　样本实施低碳经营后年均粉尘排放量减少的行业差异

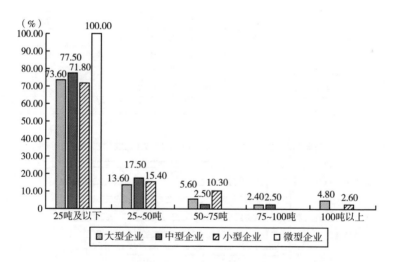

图4-70　样本实施低碳经营后年均粉尘排放量减少的规模差异

（3）地区差异分析。同氮氧化物和二氧化硫一样，对于低碳经营后年均粉尘减排量，在调查的样本企业中没有明显的地区差异。

第四节 企业低碳经营行为影响因素调查分析

一、政府政策因素分析

政府政策因素的调查数据整理统计后的结果见表4-11和图4-71。

表4-11   政府政策因素分析

序号	影响因素	各分值比率（%）					加权
		5	4	3	2	1	
1	制定鼓励和扶持政策	46.8	36.2	13.8	3.2	0	4.27
2	制定了有关环保法规	44.0	36.2	14.7	2.8	2.3	4.17
3	成立了低碳专项资金	40.1	22.6	29.5	7.4	0.5	3.95
4	设限制进入与退出机制	50.0	31.2	13.3	2.8	2.8	4.23
5	制定了人才引进机制	48.2	27.5	17.0	3.7	3.7	4.13
6	环保部门严格监管	64.2	26.1	7.3	1.8	0.5	4.51
7	加大环保税征收力度	43.1	16.1	32.6	6.4	1.8	3.92
8	给予了低碳税收优惠	33.0	17.4	36.7	8.3	4.6	3.66
9	给予了低碳财政补贴	32.6	20.2	32.1	12.4	2.8	3.68
10	提供了低碳技术指导	46.8	28.4	14.7	3.7	6.4	4.06
11	曾对企业严厉处罚	30.3	20.2	16.1	20.6	12.8	3.35

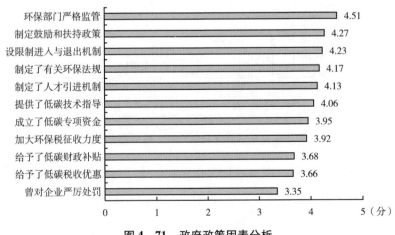

图4-71 政府政策因素分析

　　调查结果显示，影响制造企业低碳经营行为的政府政策因素中，认可度平均分值排前 6 位的依次是：环保部门严格监管 4.51 分、制定鼓励和扶持政策 4.27 分、设限制进入与退出机制 4.23 分、制定了有关环保法规 4.17 分、制定了人才引进机制 4.13 分、提供了低碳技术指导 4.06 分。这说明在约束政策方面，环保部门的严格监管、设置限制高碳企业进入与退出机制、制定有关环保法规能有效约束企业的非低碳经营行为；激励政策方面，制定鼓励和扶持政策、制定人才引进机制、提供低碳技术指导是企业低碳经营迫切需要的政策支持。

　　但值得注意的是，低碳财政补贴、低碳税收优惠的平均得分较低，只有3.68 分和 3.33 分，说明政府在资金扶持方面还有所欠缺，力度不够或受益面窄，对于企业低碳经营行为的影响有限。通过到样本企业实地访谈了解到，"曾对企业严厉处罚"的平均得分最低 3.35 分，并不是说处罚不重要，是因为前面分值最高的"环保部门严格监管"已包含了处罚因素，且很多样本企业未受过环保处罚，所以不认为他们企业的低碳经营行为受到了处罚的影响。

二、市场需求因素分析

　　市场需求因素的调查数据整理统计后的结果见表 4 - 12 和图 4 - 72。

表 4 - 12　　　　　　　　　市场需求因素分析

序号	影响因素	各分值比率（%）					加权
		5	4	3	2	1	
1	消费者环境认知度不断加深	55.0	31.7	12.4	0.5	0.5	4.41
2	消费者关注企业环境管理认证	56.2	33.2	9.2	1.4	0	4.44
3	消费者关注产品"绿色"认证	45.4	39.0	12.8	1.8	0.9	4.26
4	企业的产品市场偏好低碳产品	46.3	29.8	18.8	5.0	0	4.17
5	使用成本低促进消费者购买需求	33.5	33.5	28.9	1.8	2.3	3.94
6	价格偏高制约消费者购买需求	33.9	38.5	19.7	3.2	4.6	3.94

　　调查结果显示，影响制造企业低碳经营行为的市场需求因素中，认可度平均分值排前 3 位的依次是：消费者关注企业环境管理认证 4.44 分、消费者

环境认知度不断加深4.41分、消费者关注产品"绿色"认证4.26分。这说明消费者的关注和选择是影响企业低碳经营行为的重要市场因素,当前网络和媒体日益发达,消费者可以通过各种途径了解企业环境责任履行情况,如果企业出现环境负面问题,消费者往往选择"用脚投票",不去购买企业产品,从而对企业产品市场造成严重影响。而"低碳产品价格偏高制约消费者购买需求"和"使用成本低促进消费者购买需求"的平均得分都是3.94分,低于4分,说明样本企业普遍认为,消费者在购买产品时最看重健康、对身体无害,而价格和使用成本不是决定性因素,企业进行低碳经营,生产绿色产品,可能带来的产品价格上调,不会对市场产生很大影响。

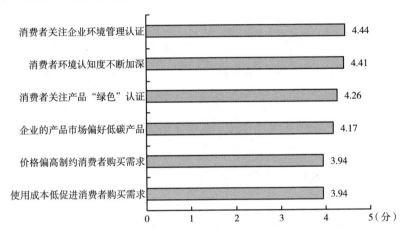

图4-72 市场需求因素分析

三、社会环境因素分析

社会环境因素的调查数据整理统计后的结果见表4-13和图4-73。

表4-13   社会环境因素分析

序号	影响因素	各分值比率(%)					加权
		5	4	3	2	1	
1	社会舆论低碳导向促进	52.3	27.1	17.4	1.8	1.4	4.27
2	大众关注企业环境责任履行	54.1	31.7	11.9	1.4	0.9	4.37
3	金融机构提供绿色信贷	27.5	31.2	28.9	10.6	0.9	3.71

续表

序号	影响因素	各分值比率（%）					加权
		5	4	3	2	1	
4	碳交易市场建立和完善	28.9	17.0	36.2	14.2	3.7	3.53
5	碳基金是重要融资渠道	18.3	14.2	32.1	22.0	13.3	3.02
6	低碳经营成为行业趋势	57.3	31.2	8.3	2.8	0.5	4.42
7	行业低碳技术水平提高	55.0	29.4	11.9	3.7	0	4.36
8	竞争对手加强低碳投资与认证	47.7	27.5	21.1	2.3	1.4	4.18
9	供应链合作伙伴重视低碳合作	45.9	32.6	18.8	1.4	1.4	4.21
10	当地配套基础设施日渐完善	41.3	23.9	31.2	2.3	1.4	4.02
11	可再生能源价格偏高	31.7	35.3	26.6	3.2	3.2	3.89
12	低碳能源选择性有限	32.7	35.5	25.8	3.7	2.3	3.93

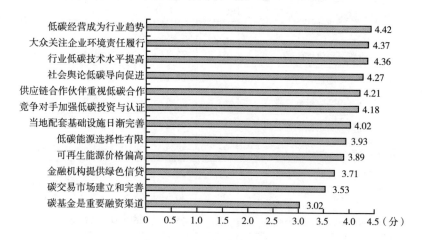

图 4－73　社会环境因素分析

调查结果显示，影响制造企业低碳经营行为的社会环境因素中，认可度平均分值排前 6 位的依次是低碳经营成为行业趋势 4.42 分、大众关注企业环境责任履行 4.37 分、行业低碳技术水平提高 4.36 分、社会舆论低碳导向促进 4.27 分、供应链合作伙伴重视低碳合作 4.21、竞争对手加强低碳投资与认证 4.18 分。可以看出，行业的低碳发展趋势和水平、社会大众和舆论对企业低碳经营的关注、供应链合作伙伴和竞争对手对低碳的重视，是引导企业低碳经营的重要环境因素，因为这些因素会影响到企业的行业竞争力、市场竞争力和可持续发展优势。

但值得思考的是，认可度平均分值排后3位的题项：碳基金是重要融资渠道3.02分、碳交易市场建立和完善3.53分、金融机构提供绿色信贷3.71分。可见，我国金融市场在支持企业低碳经营方面还有一段路要走，碳交易市场活跃度低，绿色信贷、碳基金的筹资渠道不够通畅，仍需要政府加强引导和完善。

四、企业自身因素分析

企业自身因素的调查数据整理统计后的结果见表4-14和图4-74。

表4-14 企业自身因素分析

序号	影响因素	各分值比率（%）					加权评分
		5	4	3	2	1	
1	管理者有较高环境责任感	63.8	25.7	9.2	1.4	0	4.52
2	高学历员工更愿低碳经营	63.3	27.1	6.0	3.2	0.5	4.50
3	重视低碳环保品牌形象塑造	63.6	23.5	11.5	0.9	0.5	4.49
4	重视宣传提升员工低碳意识	56.9	25.2	12.8	5.0	0	4.34
5	奖励促进低碳发展的部门或个人	34.1	32.3	27.2	4.6	1.8	3.92
6	实施低碳发展战略	52.3	28.0	13.8	1.4	4.6	4.22
7	掌握低碳核心技术	20.2	30.3	38.5	6.0	5.0	3.55
8	现有规模制约企业低碳经营	17.4	28.0	36.2	9.6	8.7	3.36
9	现有技术水平限制低碳转型	19.7	30.3	29.4	10.6	10.1	3.39
10	使用清洁能源的成本过高	28.4	36.7	25.2	5.5	4.1	3.80
11	能源消耗类型单一且污染大	14.7	12.8	32.6	19.3	20.6	2.82
12	投资效益滞后性阻碍低碳转型	17.4	24.3	39.4	10.1	8.7	3.31
13	盈利能力能满足低碳经营需要	34.4	30.3	27.5	6.0	1.8	3.90
14	现有偿债能力能支持低碳经营	36.2	33.9	21.6	6.0	2.3	3.96

调查结果显示，影响制造企业低碳经营行为的企业自身因素中，认可度平均分值排前5位的依次是管理者有较高环境责任感4.52分、高学历员工更愿低碳经营4.50分、重视低碳环保品牌形象塑造4.49分、重视宣传提升员

工低碳意识 4.34 分、实施低碳发展战略 4.22 分。可以看出，管理者的环保责任感和重视度、员工的高素质和低碳意识、企业的低碳发展战略是影响企业低碳经营的关键内在因素，管理层良好的环保意识可以让其在决策中偏好更加环保的选项，员工的高素质和低碳意识有利于企业低碳政策的执行和培养良好工作习惯，同时低碳发展战略为企业经营决策明确了方向。而认可度平均分值低于 3.5 分的题项有能源消耗类型单一且污染大 2.82 分、投资效益滞后性阻碍低碳转型 3.31 分、现有规模制约企业低碳经营 3.36 分、现有技术水平限制低碳转型 3.39 分。可见，样本企业并不认为自身企业的能源消耗类型、现有规模、技术水平和低碳投资效益的滞后性是制约其低碳经营行为的重要因素，只要管理者重视和倡导低碳发展的战略方向，员工认同和支持，就能克服各种困难实施低碳经营。

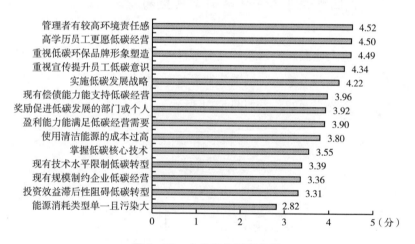

图 4 - 74　企业自身因素分析

第五章　制造企业低碳经营行为动态演化及影响因素的 SD 仿真分析

第一节　系统界定与子系统划分

一、企业低碳经营各子系统的关系架构

本书将制造企业低碳经营系统划分成 4 个子系统，分别是低碳融资子系统、低碳投资与运营子系统、低碳经营环境效益子系统和低碳经营经济效益子系统，各子系统之间的关系如图 5 –1 所示。

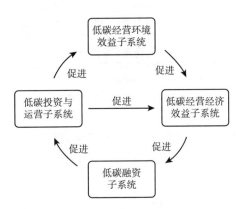

图 5 –1　低碳经营各子系统关系框架

二、低碳投资运营子系统

由于企业的低碳投资行为包括投资低碳技术、设备、人力等资本经营行

为，与企业低碳研发设计、能源材料低碳化、低碳生产、低碳营销、废弃物
循环利用等商品经营行为密不可分，为了更加清晰地仿真低碳经营行为效果，
避免变量过多、繁杂和计算的主观性，本书根据价值流将企业的低碳投资行
为与低碳商品经营行为融合，构建了低碳投资与运营子系统，不仅包括低碳
投资方向和规模的资本经营行为研究，而且包括低碳技术研发、低碳生产、
低碳营销和废弃物循环利用等低碳商品经营行为的研究。具体的系统流图如
图 5 - 2 所示。

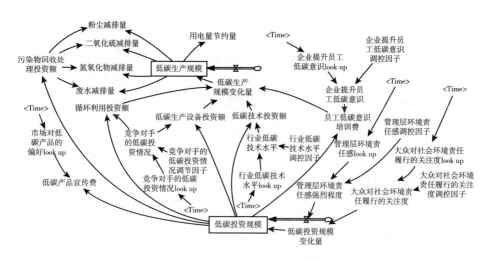

图 5 - 2　低碳投资与运营子系统

　　通过对问卷调查的数据分析，我们明晰了制造企业低碳投资的主要影响
因素和主要投资方向。在被调查企业看来，大众的环境责任关注度以及管理
层的环境责任感是影响其投资的主要因素，大众环境责任关注度会影响到企
业形象和企业的市场，而管理层的决策管理权也决定了其影响力。低碳投资
方向包括低碳产品宣传、低碳设备、低碳技术、回收利用以及员工意识培养
等商品经营方面。产品宣传一方面是绿色形象宣传，另一方面也可以拓宽产
品的消费群体，低碳设备引进以及相应技术培训是减少污染物排放的有效手
段，可以在生产过程中减轻污染，而回收利用则在排放端再次把控污染排放，
减少排放同时也会获得一定的收益，员工作为重要生产参与者，其意识培养
可以有效减少生产过程中的环境污染。

三、低碳融资子系统

低碳融资子系统是对企业低碳融资行为及其影响因素的研究。具体的系统流图如图 5-3 所示。

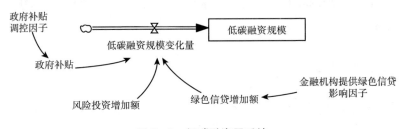

图 5-3　低碳融资子系统

问卷调查结果显示，被调查企业的低碳资金主要来源于风险投资、政府补贴以及绿色信贷。风险投资说明社会资本对绿色发展前景的看好程度，绿色发展越成功、越好，越容易吸引到风险投资。政府补助作为政府对低碳发展的支持，有利于缓解企业的低碳资金压力，但是受政府政策影响很大。绿色信贷主要来源是金融机构，可以支持的数额也不小，但是会受到当地金融机构的风险承受程度以及利率影响。

四、低碳经营环境效益子系统

环境效益子系统是对企业低碳融资、投资和生产运营带来的环境效益进行研究，具体表现为对"三废"和耗电量的影响研究。具体的系统流图如图 5-4 所示。

问卷结果表明，被调查企业在低碳生产和回收处理方面投资比较积极，并受到消费者的环境认知度影响，消费者作为产品最终消费端，其态度很大程度上影响企业产品的销售，进而影响到企业低碳经营的积极性。低碳经营的环境效益最终表现为节能减排，在被调查企业中则主要表现为"三废"排放降低和耗电量减少。

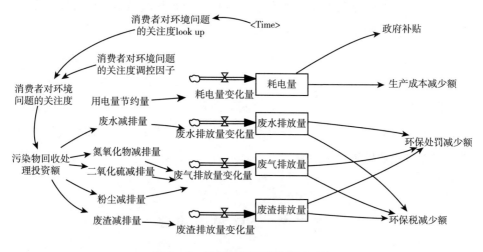

图 5 - 4　低碳经营环境效益子系统

五、低碳经营经济效益子系统

低碳经营经济效益子系统是对企业低碳融资、投资和生产运营最终产生的经济效益进行研究。具体的系统流图如图 5 - 5 所示。

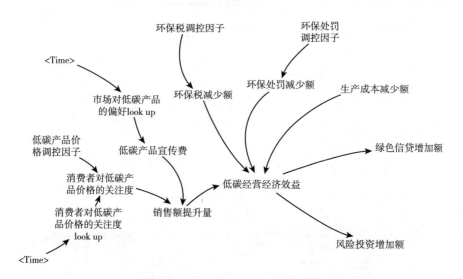

图 5 - 5　低碳经营经济效益子系统

企业低碳经营会帮助企业实现节能减排，带来环境效益，而环境效益则会进一步转化成经济效益。耗电量减少会获得政府节能补贴以及降低生产成本，"三废"排放降低会减少环保处罚和环保税支出。同时，企业低碳经营也可以通过市场直接转化为经济效益，如企业加大低碳产品宣传，带来了企业形象升级，扩大了销售。最终企业低碳经营的经济效益会影响到其低碳融资，好的效益会增加投资者的投资意愿，从而吸引了更多的低碳资金，从而进一步促进企业低碳投资运营。

第二节　SD 模型构建

一、系统变量确定

根据前一章问卷调查的数据分析，结合企业低碳经营行为的特点，本研究设计了系统中的各类变量，主要变量如表 5 - 1 所示。

表 5 - 1　　　　　　　　　　　　系统变量表

序号	变量名称	单位	变量类型
1	低碳融资规模	万元	流位
2	低碳投资规模	万元	
3	低碳生产规模	万元	
4	耗电量	万度	
5	废水排放量	万吨	
6	废气排放量	吨	
7	废渣排放量	万吨	
8	低碳融资规模变化量	万元	流率
9	低碳投资规模变化量	万元	
10	低碳生产规模变化量	万元	
11	废气排放量变化量	吨	
12	废水排放量变化量	万吨	
13	废渣排放量变化量	万吨	
14	耗电量变化量	万度	

续表

序号	变量名称	单位	变量类型
15	员工低碳意识培训费	万元	
16	低碳技术投资额	万元	
17	低碳生产设备投资额	万元	
18	循环利用投资额	万元	
19	低碳产品宣传费	万元	
20	低碳经营经济效益	万元	
21	污染物回收利用投资额	万元	
22	二氧化硫减排量	吨	
23	氮氧化物减排量	吨	
24	粉尘减排量	吨	
25	废水减排量	万吨	辅助变量
26	废渣减排量	万吨	
27	电量节约量	万度	
28	环保税减少额	万元	
29	环保处罚减少额	万元	
30	销售额提升额	万元	
31	生产成本减少额	万元	
32	绿色信贷增加额	万元	
33	风险投资增加额	万元	
34	政府补助	万元	

二、系统因果关系图

结合前面对各子系统的描述，本部分进一步将4个子系统有机结合，建立了企业低碳经营行为及其影响因素的系统因果关系图，如图5-6所示。

由因果关系图可以发现本书所构建的主要有6条反馈环，6条反馈回路均为正反馈环，具体回路如下。

反馈环一：低碳投资规模→（+）低碳产品宣传费→（+）销售额→（+）低碳经营经济效益→（+）绿色信贷和风险投资→（+）低碳融资规模→（+）低碳投资规模。主要表现为低碳投资增加了宣传费，从而扩大销售额，提高低碳经营经济效益，增强了低碳融资能力，进一步扩大了低碳投资规模。

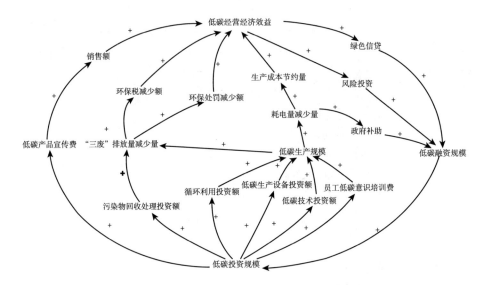

图5-6   企业低碳经营行为及其影响因素的系统因果关系

反馈环二：低碳投资规模→（＋）污染物回收处理投资额→（＋）"三废"排放量减少量→（＋）环保税减少额→（＋）低碳经营经济效益→（＋）绿色信贷和风险投资→（＋）低碳融资规模→（＋）低碳投资规模。主要表现为企业低碳投资加强了污染物的回收处理，减少了排放，使得应缴的环保税减少，提高了低碳经营经济效益，促进了低碳融资，从而增加了低碳投资规模。

反馈环三：低碳投资规模→（＋）污染物回收处理投资额→（＋）"三废"排放量减少量→（＋）环保处罚减少额→（＋）低碳经营经济效益→（＋）绿色信贷和风险投资→（＋）低碳融资规模→（＋）低碳投资规模。主要表现为低碳投资加强了污染物的回收处理，减少了排放，从而使得企业受到的环保处罚减少，提高了低碳经营经济效益，促进了低碳融资，进一步扩大了低碳投资规模。

反馈环四：低碳投资规模→（＋）低碳生产规模→（＋）耗电量减少量→（＋）生产成本减少量→（＋）低碳经营经济效益→（＋）绿色信贷和风险投资→（＋）低碳融资规模→（＋）低碳投资规模。主要表现为低碳投资扩大了低碳生产规模，提升了企业低碳生产效率，使得耗电量减少，降低了生产成本，获得了更多的低碳经营经济效益，促进了低碳融资，吸引更多资金进行低碳投资。

反馈环五：低碳投资规模→（＋）低碳生产规模→（＋）耗电量减少量→（＋）政府补助→（＋）低碳融资规模→（＋）低碳投资规模。主要表现为低碳投资扩大了低碳生产规模，提升了企业低碳生产效率，使得耗电量下降，获得更多的政府补助，扩大了低碳融资规模，增加了低碳投资的资金。

反馈环六：低碳投资规模→（＋）低碳生产规模→"三废"排放量减少量→（＋）环保处罚和环保税减少额→（＋）低碳经营经济效益→（＋）绿色信贷和风险投资→（＋）低碳融资规模→（＋）低碳投资规模。主要表现为低碳投资扩大了低碳生产规模，提升了企业低碳生产运营效率，使得"三废"排放量下降，企业受到的环保处罚和应环保税减少，从而提高了低碳经营经济效益，促进了低碳融资，进一步扩大了低碳投资规模。

三、系统流图

根据因果关系图（见图 5－6），绘制制造企业低碳经营行为及其影响因素的系统流图，如图 5－7 所示。

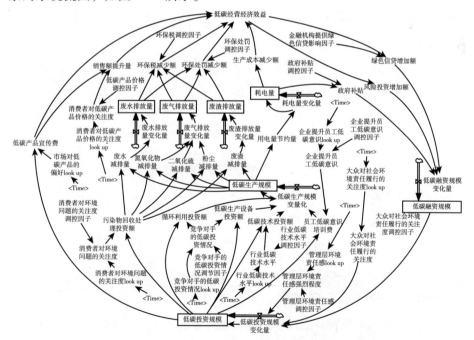

图 5－7　企业低碳经营行为及其影响因素的系统流图

四、确立模型参数及主要方程

1. 确立模型参数

模型参数确立基于以下几个方面。

第一，样本企业的确定。因为企业低碳经营行为的影响因素中政府的环保、金融等政策具有地区差异性，而且不同地区的制造企业具有产业集聚的特征，因此为了保证数据仿真的准确性和可靠性，又要体现广泛代表性，本书以问卷调查中获得有效数据最多的鹰潭市 114 家企业作为样本企业进行模型参数的设置和仿真分析。

第二，污染物的确定。本书中模型的污染物包括废水、废气、废渣，废气包括二氧化硫、氮氧化物和粉尘。

第三，流位初始值的确立。低碳投资规模、低碳融资规模、低碳生产规模是根据问卷调查数据计算得到；而废水排放量、废气排放量、废渣排放量、耗电量的初始值由 2016 年江西省统计局发布的《江西统计年鉴》中关于鹰潭市制造业企业污染数据计算得出。

第四，参数的估计。本书结合问卷数据、相关文献、各年度《江西统计年鉴》等资料进行参数初步估计，并经过系统调试，保证系统可靠性。

2. 确定模型方程

本书将估计好的参数代入到模型中去，并不断进行调整，最终系统运行结果比较贴合实际。

(1) INITIAL TIME = 2016

(2) FINAL TIME = 2026

(3) TIME STEP = 1

(4) SAVEPER = TIME STEP

(5) 低碳融资规模 = INTEG（低碳融资规模变化量，682 473.6842）

(6) 低碳投资规模 = INTEG（低碳投资规模变化量，1 512 931.579）

（7）低碳生产规模 = INTEG（低碳生产规模变化量，15 456）

（8）耗电量 = INTEG（耗电量变化量，358 900）

（9）废水排放量 = INTEG（废水排放变化量，1 667.42）

（10）废气排放量 = INTEG（废气排放变化量，11 958）

（11）废渣排放量 = INTEG（固体废弃物排放变化量，368.41）

（12）低碳融资规模变化量 = 政府补贴 + 绿色信贷增加额 + 风险投资增加额

（13）低碳投资规模变化量 = 低碳融资规模 × 大众对企业社会环境责任的关注度 × 管理层环境责任感强烈程度

（14）低碳生产规模变化量 = 低碳技术投资额 + 低碳生产设备投资额 + 员工低碳意识培训费 + 循环利用投资额

（15）废水排放变化量 = − 废水减排量

（16）废水减排量 = 0.00061236 × 污染物回收处理投资额 + 0.0000857931 × 低碳生产投资规模

（17）废气排放变化量 = −（粉尘减排量 + 氮氧化物减排量 + 二氧化硫减排量）

（18）粉尘减排量 = 0.0004 × 低碳生产投资规模 + 污染物回收处理投资额 × 0.00003

（19）氮氧化物减排量 = 0.0002 × 污染物回收处理投资额 + 0.0003 × 低碳生产投资规模

（20）二氧化硫减排量 = 0.0003 × 低碳生产投资规模 + 0.003 × 污染物回收处理投资额

（21）废渣排放变化量 = − 废渣减排量

（22）废渣减排量 = 0.00004 × 污染物回收处理投资额 + 0.00003 × 低碳生产投资规模

（23）耗电量变化量 = − 用电量节约量

（24）用电量节约量 = 0.022 × 低碳生产投资规模调控因子

（25）低碳技术投资额 = 0.01 × 低碳投资规模 × 行业低碳技术水平

（26）企业进行提升员工低碳意识 = 企业提升员工低碳意识 look up × 企业提升员工低碳意识调控因子

（27）企业提升员工低碳意识调控因子 = 1

（28）低碳经营经济效益 = 销售额提升量 + 生产成本减少额 + 环保税减少额 + 环保处罚减少额 - 低碳产品宣传费

（29）低碳生产设备投资额 = 0.06 × 低碳投资规模 × 竞争对手的低碳投资情况

（30）员工低碳意识培训费 = 0.01 × 低碳投资规模 × 企业提升员工低碳意识

（31）低碳产品宣传费 = 低碳投资规模 × 0.002 × 市场对低碳产品的偏好 look up

（32）市场对低碳产品的偏好 look up = WITH LOOKUP（Time,（[（2016,1) - (2026,1.33)]，(2016,1)，(2017,1.03)，(2018,1.06)，(2019,1.09)，(2020,1.12)，(2021,1.15)，(2022,1.19)，(2023,1.22)，(2024,1.26)，(2025,1.3)，(2026,1.33)))

（33）消费者对低碳产品价格的关注度 = 低碳产品价格调控因子 × 消费者对低碳产品价格关注度 look up

（34）消费者对低碳产品价格关注度 look up = WITH LOOKUP（Time,（[（2016,1) - (2026,1.16)]，(2016,1)，(2017,1.01)，(2018,1.03)，(2019,1.04)，(2020,1.06)，(2021,1.08)，(2022,1.09)，(2023,1.1)，(2024,1.12)，(2025,1.14)，(2026,1.16)))

（35）循环利用投资额 = 0.02 × 低碳投资规模 × 竞争对手的低碳投资情况

（36）环保处罚减少额 = 环保处罚调控因子 × ((1 667.42 - 废水排放量) × 36 000 + (11 958 - 废气排放量) × 20 000 + (368.41 - 废渣排放量) × 32 000)

（37）环保处罚调控因子 = 1

（38）政府补贴 = (358 900 - 耗电量) × 政府补贴调控因子 × 0.86

（39）政府补贴调控因子 = 1

（40）消费者对环境问题关注度 = 消费者对环境问题关注度 look up × 消费者对环境问题关注度调控因子

（41）消费者对环境问题关注度 look up = WITH LOOKUP（Time,（[（2016,1) - (2026,1.13)]，(2016,1)，(2017,1.01)，(2018,1.03)，(2019,1.04)，

$(2020,1.05),(2021,1.06),(2022,1.08),(2023,1.09),(2024,1.1),(2025,1.12),(2026,1.13)))$

（42）大众对社会环境责任履行的关注度 = 大众对社会环境责任履行的关注度 look up × 大众对社会环境责任履行的关注度调控因子

（43）大众对社会环境责任的关注度调控因子 = 1

（44）销售额提升量 = 600 × 消费者对低碳产品价格的关注度 × 低碳产品宣传费

（45）环保税减少额 = $((1\,667.42 - 废水排放量) × 16\,000 + (11\,958 - 废气排放量) × 32\,000 + (368.41 - 废渣排放量) × 32\,000) ×$ 环保税调控因子

（46）环保税调控因子 = 1

（47）生产成本减少额 = $(358\,900 - 耗电量) × 732$

（48）企业提升员工低碳意识 look up = WITH LOOKUP(Time,([(2016,1) – (2026,1.39)],(2016,1),(2017,1.03),(2018,1.07),(2019,1.1),(2020,1.14),(2021,1.18),(2022,1.22),(2023,1.26),(2024,1.3),(2025,1.34),(2026,1.39)))

（49）污染物回收处理投资额 = 消费者对环境问题的关注度 × 0.005 × 低碳投资规模

（50）大众对社会环境责任履行的关注度 look up = WITH LOOKUP(Time,([(2016,1) – (2026,1.38)],(2016,1),(2017,1.03),(2018,1.07),(2019,1.1),(2020,1.14),(2021,1.17),(2022,1.21),(2023,1.25),(2024,1.29),(2025,1.33),(2026,1.38)))

（51）消费者对环境问题关注度调控因子 = 1

（52）竞争对手的低碳投资情况 = 竞争对手的低碳投资情况 look up × 竞争对手的低碳投资情况调节因子 × 0.03

（53）竞争对手的低碳投资情况 look up = WITH LOOKUP(Time,(([(2016,1) – (2026,1.3)],(2016,1),(2017,1.03),(2018,1.05),(2019,1.08),(2020,1.11),(2021,1.14),(2022,1.17),(2023,1.2),(2024,1.23),(2025,1.27),(2026,1.3)))

（54）竞争对手的低碳投资情况调节因子 = 1

（55）管理层环境责任感强度 = 管理层环境责任感 look up × 0.04 × 管理层环境责任感调控因子

（56）管理层环境责任感 look up = WITH LOOKUP(Time,([(2016,1) - (2026,1.43)],(2016,1),(2017,1.04),(2018,1.07),(2019,1.11),(2020,1.15),(2021,1.2),(2022,1.24),(2023,1.29),(2024,1.33),(2025,1.38),(2026,1.43)))

（57）管理层环境责任感调控因子 = 1

（58）行业低碳技术水平 = 行业低碳技术水平 look up × 行业低碳技术水平调控因子

（59）行业低碳技术水平 look up = WITH LOOKUP(Time,([(2016,1) - (2026,1.38)],(2016,1),(2017,1.03),(2018,1.07),(2019,1.1),(2020,1.14),(2021,1.17),(2022,1.21),(2023,1.25),(2024,1.29),(2025,1.33),(2026,1.38)))

（60）行业低碳技术水平调控因子 = 1

五、模型初始运行结果

通过设定方程和初始值，对系统进行初始运行。对于初始运行本研究主要考虑企业在现有的低碳投融资规模下废水、废气、废渣排放量和耗电量的变化趋势，运行结果如图5-8、图5-9、图5-10、图5-11所示。

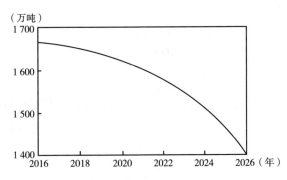

图5-8 废水排放量趋势

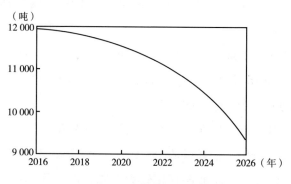

图 5-9　废气排放量趋势

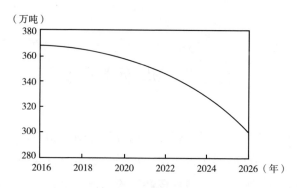

图 5-10　废渣排放量趋势

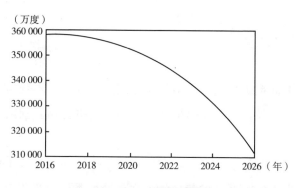

图 5-11　耗电量趋势

　　污染物排放量的趋势对比如图 5-8、图 5-9、图 5-10 所示。可以看出，随着低碳投融资规模的增大，三者均出现一定的减少。废水排放量从

1 667.42 万吨下降到 1 466.11 万吨，下降了 12.07%。废气排放量从 11 958 吨下降到 9 391.17 吨，下降了 21.47%。固体废弃物排放量从 368.41 万吨下降到 298.951 万吨，下降了 18.85%。按照"十三五"节能减排工作方案标准，2026 年应该下降 22.5%，可以看出三项指标均不合格，因此还需要进一步研究更有效地促进企业减排的方案。

耗电量的变化情况如图 5 - 11 所示，能耗随着低碳投融资规模的增加不断下降。仿真结果表明，能耗量从 358 560 万度下降到 311 853 万度，下降了 13.02%。距离 22.5% 的标准还存在较大差距，而且我们电话采访了解到，有关部门也在不断下发减少能耗的通知，因此需要研究出刺激企业节能的方案。

第三节　SD 模型检验

有效性检验是将模型结果和现实数据进行比对，检查两者匹配程度。在系统模拟中，匹配程度的好坏直接决定模型的质量，进而影响到基于模型的后续研究，因此有必要进行有效性检验。本书选取了稳定性检验和可靠性检验方法进行有效性检验。

一、稳定性检验

现实环境中，系统影响因素很多且作用关系复杂，不稳定的系统可能因为较小的一处偏差极大地背离模拟结果，因此在进行仿真前需要对系统的稳定性作出检验。

本书选取不同时间步长来对稳定性进行检验，通过比较不同时间间隔下系统变量的差别来检验系统的稳定性，主要选取季度、半年度、年度三种步长。在进行检验时，我们选取 4 个子系统中关键变量进行检验，低碳投资方面选取低碳投资规模进行检验，低碳融资方面选取低碳融资规模进行检验，低碳经营环境效益方面选取废渣排放量进行检验，低碳经营经济效益方面选取低碳经营经济效益进行检验。检验结果如图 5 – 12 ~ 图 5 – 15 所示。各步长曲线差别均较小，系统稳定性较强，能够较好地反映出现实系统特性。

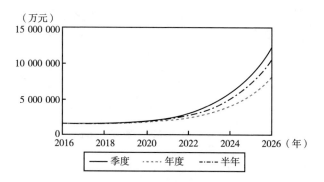

图 5 – 12　低碳投资规模比较

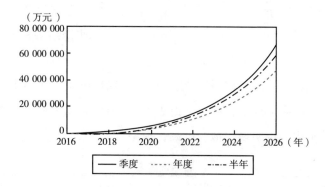

图 5 – 13　低碳融资规模比较

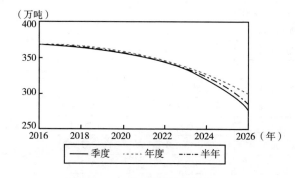

图 5 – 14　废渣排放量比较

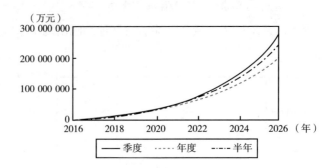

图 5 – 15 低碳经营经济效益比较

二、可靠性检验

在 SD 模型的检验中，需要观察仿真结果和真实数据的拟合程度。通过检验对误差大的结果进行分析，进一步调节系统，使得结果有较好的真实拟合度，确保模型系统的模拟精度。本书选取四个核心指标进行可靠性检验，分别是废水排放量、废气排放量、废渣排放量和耗电量。将四个指标 2017 ~ 2019 年的仿真结果与实际值对比，由表 5 – 2 所示，模拟的误差基本上都在 5% 的合理范围内，说明现实拟合度高，模型可靠。

表 5 – 2   相对误差表

测量指标	2017 年	2018 年	2019 年
实际废水排放量（万吨）	1 630. 11	1 620. 35	1 598. 73
模拟废水排放量（万吨）	1 661. 46	1 652. 47	1 640. 21
误差率（%）	1. 92	1. 98	2. 59
实际废气排放量（吨）	11 780. 3	11 756. 9	11 450. 1
模拟废气排放量（吨）	11 918. 1	11 843. 6	11 732. 5
误差率（%）	1. 17	0. 74	2. 47
实际废渣排放量（万吨）	364. 254	356. 897	350. 332
模拟废渣排放量（万吨）	367. 644	365. 852	362. 981
误差率（%）	0. 93	2. 51	3. 61
实际耗电量（万度）	358 010	357 968	356 432
模拟耗电量（万度）	358 560	357 474	355 607
误差率（%）	0. 15	− 0. 14	− 0. 23

第四节　影响因素仿真分析

为了研究对比每项影响因素的作用效果，我们改变需要研究变量的大小，同时保持其他变量不变，对比节能减排变化情况。政策调整方式为：A 政策将调控因子设置为初始值的 2 倍，B 政策将调控因子增加至初始值的 5 倍。我们将调整后 2026 年关于节能降耗指标的数据与未调整前进行对比，A 政策主要是对各项影响因素调控效果进行一个初筛，如果在 A 政策下影响效果不明显的话我们再观察 B 政策下其调节效果，如果得出结果仍然不明显的话，则认为其是相对不敏感的调节因素，从而选出更加敏感的因素，方便后面进行政策制定。

一、政府政策因素仿真分析

1. 环保处罚仿真分析

将环保处罚调控因子按上文调整方式得到 A、B 两个运行系统。调整前后结果见表 5 - 3。废水、废气、废渣的排放量前后对比见图 5 - 16、图 5 - 17、图 5 - 18，耗电量的前后对比见图 5 - 19。

表 5 - 3　　　　　　　　　环保处罚仿真结果

节能减排指标	初始运行结果	A 政策	降幅百分比（%）	B 政策	降幅百分比（%）
废水排放量（万吨）	1 402.74	1 316.41	6.15	1 040.98	25.79
废气排放量（吨）	9 391.17	8 421.03	10.33	5 319.1	43.36
废渣排放量（万吨）	298.951	270.373	9.56	178.895	40.16
耗电量（万度）	311 853	291 168	6.63	224 898	27.88

研究发现，环保处罚对于"三废"排放量的影响效果很好，且调控很灵敏。不同政策下趋势差别较大，"三废"排放量均在 2018 年后出现明显变

化。当调控因子增大 1 倍时，废水、废气、废渣减排量变化明显，分别为
6.15%、10.33%、9.56%，调控效果很好。

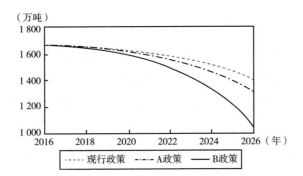

图 5-16　废水排放量趋势对比

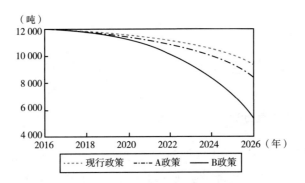

图 5-17　废气排放量趋势对比

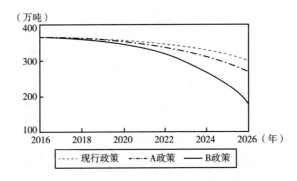

图 5-18　废渣排放量趋势对比

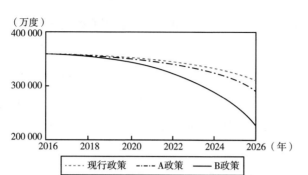

图 5 – 19   耗电量趋势对比

同时，耗电量在 2019 年后开始出现明显差别，说明调控很灵敏，调控因子增大 1 倍时，耗电量同比减少 6.63%，变化幅度较大，调控效果明显。

综上所述，环保处罚对于鹰潭市制造企业低碳经营行为的影响效果总体表现优秀。当前政府治理开始迈向智能化，越来越多的科技成果不断运用到政府治理中，政府现在可以通过企业排污口的终端检测设备监测企业污染排放，让企业违规排污变得更加困难。同时，环保处罚轻则整顿，重则关厂的严厉处罚让企业不敢轻易违规，所以环保处罚效果非常明显。

2. 环保税仿真分析

环保税调控因子按调整方式改变后得到"环保税 A"与"环保税 B"运行系统。调整前后结果见表 5 – 4。废水、废气、废渣的排放量前后对比见图 5 – 20、图 5 – 21、图 5 – 22，耗电量的前后对比见图 5 – 23。

表 5 –4   环保税仿真结果

节能减排指标	初始运行结果	A 政策	降幅百分比（%）	B 政策	降幅百分比（%）
废水排放量（万吨）	1 402.74	1 384.11	1.33	1 327.94	5.33
废气排放量（吨）	9 391.17	9 246.25	1.54	8 809.86	6.19
废渣排放量（万吨）	298.951	295.656	1.10	285.743	4.42
耗电量（万度）	311 853	309 980	0.60	304 349	2.41

研究发现，环保税对于"三废"排放量的影响效果一般。不同政策下趋势差别不大，废水、废气、废渣排放量均在 2023 年出现变化，但变化不是特别明

显，说明调控有一定灵敏性，但不是特别大。当调控因子为 2 时，废水、废气、废渣减排量变化尚可，分别为 1.33%、1.54%、1.10%，调控效果一般。同时，耗电量也是在 2023 年才开始出现差别，但趋势变化不明显，说明调控不是很灵敏。在调控因子增大一倍时，耗电量同比减少 0.6%，变化幅度较小，在调控因子为初始值的 5 倍时，耗电量同比也仅下降 2.41%，调控效果有限。

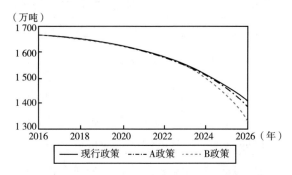

图 5 - 20　废水排放量趋势对比

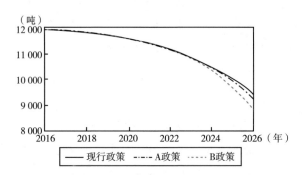

图 5 - 21　废气排放量趋势对比

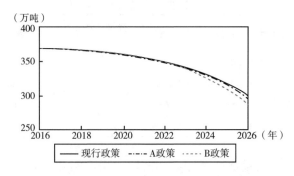

图 5 - 22　废渣排放量趋势对比

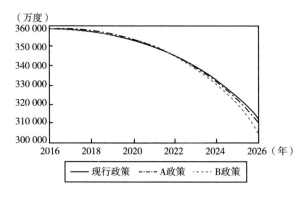

图 5 – 23　耗电量趋势对比

综上，环保税对于鹰潭市制造企业低碳经营行为的影响效果总体尚可。由于近年来政府实行费改税，对于环保税的征收逐步完善。企业如果指标不达标，会面临较为严重的税收负担。但是根据对问卷数据和对被调查企业的访谈结果，研究发现，对于被调查企业来说，环保税是相较于其他环保支出较少的一项支出。这反映鹰潭市制造业企业在环保指标达标上做得比较好，总体污染物排放也控制得较好。

3. 政府补助仿真分析

政府补助因子按调整方式改变后得到"政府补助 A"与"政府补助 B"运行系统。调整前后结果见表 5 – 5。废水、废气、废渣的排放量前后对比见图 5 – 24、图 5 – 25、图 5 – 26，耗电量的前后对比见图 5 – 27。

表 5 – 5　　　　　　　　　政府补助仿真结果

节能减排指标	初始运行结果	A 政策	降幅百分比 （%）	B 政策	降幅百分比 （%）
废水排放量（万吨）	1 402.74	1 356.76	3.28	1 310.61	6.57
废气排放量（吨）	9 391.17	9 038.98	3.75	8 685.7	7.51
废渣排放量（万吨）	298.951	291.062	2.64	283.152	5.28
耗电量（万度）	311 853	307 448	1.41	303 033	2.83

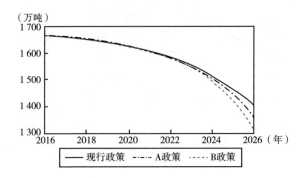

图 5-24　废水排放量趋势对比

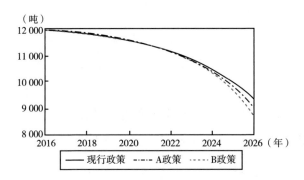

图 5-25　废气排放量趋势对比

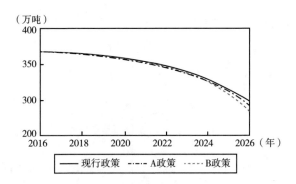

图 5-26　废渣排放量趋势对比

研究发现，政府补助对于"三废"排放量的影响效果较好，且调控较为灵敏。不同政策下趋势差别较大，废水、废气、废渣排放量均在 2023 年产生明显变化。当调控因子增大 1 倍，废水、废气、废渣减排量变化明显，分别为 3.28%、3.75%、2.64%，调控效果较好。同时，耗电量在 2023 年开始出现较为明显的差别，说明调控有一定的灵敏性。在调控因子增大 1 倍时，耗电量同比减少 1.41%，变化幅度一般，调控效果尚可。

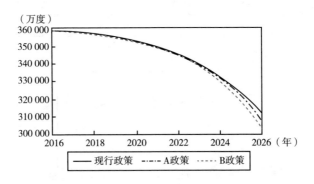

图 5 - 27　耗电量趋势对比

综上，政府补助对于鹰潭市制造业企业低碳经营行为的影响效果整体较好。政府补助一方面可以一定程度上减少企业的低碳经营成本，另一方面也可以加强企业低碳投融资的积极性。根据对被调查企业的访谈结果，我们得知，鹰潭市政府环保补助的对象较为单一，均为对耗电量的一个补助，要求也较为严格，导致被调查企业获得政府补助的金额规模不是很大。这反映出鹰潭市在政府补助方面尚有欠缺，需要加强补助政策的覆盖面和覆盖群体，以及加强补助力度，从而进一步增强政府补助对企业低碳经营行为的影响程度。

二、市场需求因素仿真分析

1. 消费者对环境问题关注度仿真分析

消费者对环境问题认知度调控因子按调整方式改变后得到"消费者环境关注度 A"与"消费者环境关注度 B"运行系统。调整前后结果见表 5 - 6。废水、废气、废渣的排放量前后对比见图 5 - 28、图 5 - 29、图 5 - 30，耗电量的前后对比见图 5 - 31。

表5-6 消费者对环境问题关注度仿真结果

节能减排指标	初始运行结果	A 政策	降幅百分比（%）	B 政策	降幅百分比（%）
废水排放量（万吨）	1 402.74	1 304.59	7.00	935.198	33.33
废气排放量（吨）	9 391.17	8 843.87	5.83	6 806.33	27.52
废渣排放量（万吨）	298.951	291.221	2.59	263.122	11.98
耗电量（万度）	311 853	310 664	0.38	307 084	1.53

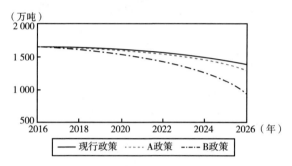

图5-28 废水排放量趋势对比

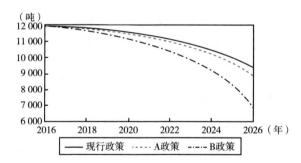

图5-29 废气排放量趋势对比

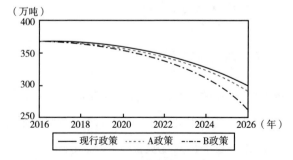

图5-30 废渣排放量趋势对比

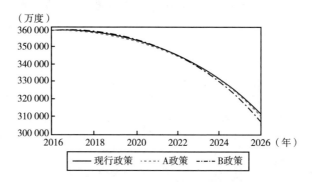

图 5 – 31　耗电量趋势对比

研究发现，消费者对环境问题关注度对"三废"排放量的影响效果非常好，且调控很灵敏。不同政策下趋势差别较大，废水、废气、废渣排放量均在 2017 年就出现明显变化。调控因子增大 1 倍时，废水、废气、废渣减排量变化明显，分别为 7.00%、5.83%、2.59%，调控效果很好。同时，研究还发现，耗电量直到 2024 年后才开始出现明显差别，说明调控不是很灵敏。即使调控因子增大 4 倍，耗电量同比减少也仅为 1.53%，变化小，调控效果小。

综上所述，消费者对环境问题的关注度对于鹰潭市制造企业低碳经营行为的影响效果出现差异，表现为对"三废"排放量影响较大，对耗电量影响较小。随着新媒体时代的到来，新闻的产生和传播变得更加便利。同时环境问题如雾霾、水体污染等情况也被越来越多的人重视，新媒体的到来使得消费者可以作为企业环境责任的监督者，企业的不达标排放会被消费者及时知晓，从而对该企业的产品产生自发的抵制行为。企业为了维护好自身的形象，往往更加积极地进行低碳经营，因此消费者对环境问题的认知对企业排放产生极大影响。耗电量却没有污染物排放来得直观，企业耗电量主要取决于其生产任务量的多少，而且会因行业、季节等因素出现波动，消费者对这些因素的了解程度有限，所以消费者对环境的认知程度对耗电量的影响极其有限。

2. 低碳产品价格仿真分析

低碳产品价格调控因子按调整方式改变后得到"低碳产品价格 A"与

"低碳产品价格 B"运行系统。调整前后结果见表 5 – 7。废水、废气、废渣的排放量前后对比见图 5 – 32、图 5 – 33、图 5 – 34，耗电量的前后对比见图 5 – 35。

表 5 – 7　　　　　　　　　　低碳产品价格仿真结果

节能减排指标	初始运行结果	A 政策	降幅百分比（%）	B 政策	降幅百分比（%）
废水排放量（万吨）	1 402.74	1 393.79	0.64	1 365.84	2.63
废气排放量（吨）	9 391.17	9 315.13	0.81	9 079.07	3.32
废渣排放量（万吨）	298.951	297.083	0.62	291.307	2.56
耗电量（万度）	311 853	310 696	0.37	307 134	1.51

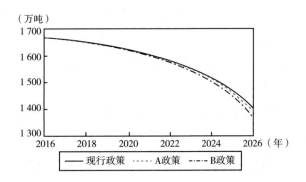

图 5 – 32　废水排放量趋势对比

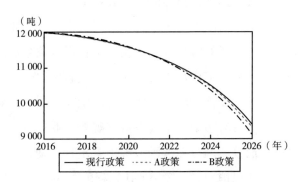

图 5 – 33　废气排放量趋势对比

研究发现，低碳产品价格对"三废"排放量的影响效果较弱，调控不是很灵敏。不同政策下趋势变化幅度较小，废水、废气、废渣排放量均在 2022

年出现变化，但变化不是特别明显。即使当调控因子增大 4 倍，废水减排量、废气减排量、废渣减排量变化仍然微弱，分别为 2.63%、3.32%、2.56%，调控效果较弱。同时，我们还发现，耗电量在 2023 年才开始出现差异，说明调控不灵敏。即使调控因子增大 4 倍，耗电量同比减少也仅为 1.51%，变化小，调控效果弱。

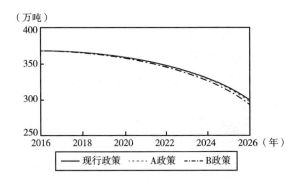

图 5-34　废渣排放量趋势对比

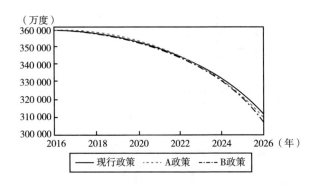

图 5-35　耗电量趋势对比

综上，低碳产品价格对于鹰潭市制造企业低碳经营行为的影响较弱。价格是消费者选择产品时候考虑的重要因素，往往会对消费者的行为以及产品的市场状况产生较为明显的影响。通过对被调查企业的走访调查，我们发现，为了保持产品的竞争力，被调查企业低碳产品的价格往往和以往产品的价格相差不大，也就是说，低碳产品价格其实约等于以往产品的价格，低碳产品价格的变动只是简单的市场变动，和低碳生产的关联度不大，所以对各项指标的影响极其有限。

三、社会环境因素仿真分析

1. 大众对企业社会责任关注度仿真分析

调控因子按调整方式改变后得到"大众对企业社会责任关注度 A"与"大众对企业社会责任关注度 B"运行系统。调整前后结果见表 5－8。废水、废气、废渣的排放量前后对比见图 5－36、图 5－37、图 5－38，耗电量的前后对比见图 5－39。

表 5－8　　　　　　　　大众对企业社会责任关注度仿真结果

节能减排指标	初始运行结果	A 政策	降幅百分比（％）	B 政策	降幅百分比（％）
废水排放量（万吨）	1 402.74	1 340.64	4.43	1 139.5	18.77
废气排放量（吨）	9 391.17	8 883.42	5.41	7 253.26	22.77
废渣排放量（万吨）	298.951	286.867	4.04	248.362	16.92
耗电量（万度）	311 853	304 614	2.32	281 739	9.66

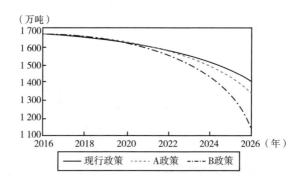

图 5－36　废水排放量趋势对比

研究发现，大众对企业社会责任的关注度对"三废"排放量的影响较强，调控很灵敏。不同政策下趋势差别较大，废水、废气、废渣排放量均在 2021 年出现明显变化。当调控因子增大 1 倍时，废水减排量、废气减排量、废渣减排量变化明显，分别为 4.43%、5.41%、4.04%，调控效果较好。同时，我们还发现，耗电量在 2021 年开始出现明显变化，说明调控较为灵敏。当调控因子增大 1 倍时，耗电量同比减少 2.32%，变化较大，调控效果不错。

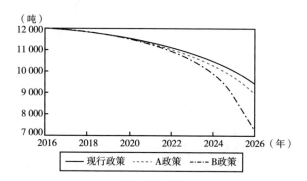

图 5 - 37　废气排放量趋势对比

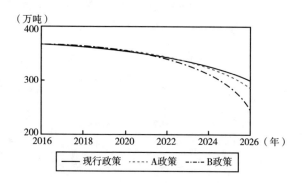

图 5 - 38　废渣排放量趋势对比

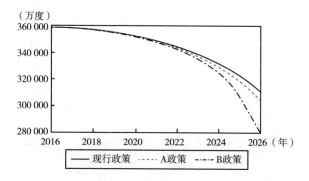

图 5 - 39　耗电量趋势对比

综上，大众对企业社会责任的关注度对于鹰潭市制造企业低碳经营行为的影响总体较好。随着我国对环境问题的重视，越来越多的企业开始主动披露环境责任报告。环境责任报告披露的信息中既包括企业的社会责任履行情况，也包括了企业的环境责任履行，如环保技术的研发、环保设备的应用、污染排放情况等。可以说企业社会责任报告就是企业的一张名片，影响到企业在投资者和消费者心目中的形象，因此大众对企业社会责任越加关注，企业就越会努力地进行环保的投资和建设，对污染物排放量以及能耗量的影响就越大。

2. 金融机构提供绿色信贷仿真分析

金融机构提供绿色信贷调控因子按调整方式改变后得到"绿色信贷A"与"绿色信贷B"运行系统。调整前后结果见表5-9。废水、废气、废渣的排放量前后对比见图5-40、图5-41、图5-42，耗电量的前后对比见图5-43。

表5-9 金融机构提供绿色信贷仿真结果

节能减排指标	初始运行结果	A政策	降幅百分比（%）	B政策	降幅百分比（%）
废水排放量（万吨）	1 402.74	1 382.69	1.43	1 321.63	5.78
废气排放量（吨）	9 391.17	9 166.06	2.40	8 480.25	9.70
废渣排放量（万吨）	298.951	292.323	2.22	272.126	8.97
耗电量（万度）	311 853	307 058	1.54	292 441	6.22

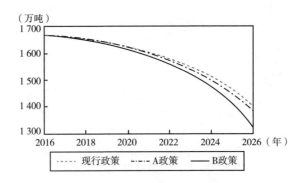

图5-40 废水排放量趋势对比

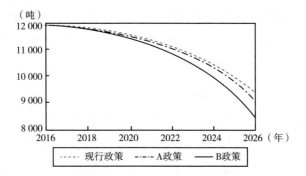

图 5 – 41　废气排放量趋势对比

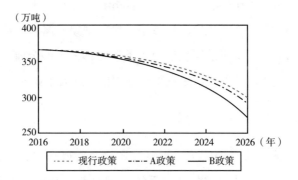

图 5 – 42　废渣排放量趋势对比

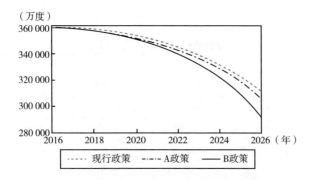

图 5 – 43　耗电量趋势对比

研究发现，金融机构提供绿色信贷对"三废"排放量的影响较大，调控灵敏。不同政策下趋势变化幅度大，废水、废气、废渣排放量均在 2017 年就出现明显变化。当调控因子增大 1 倍，废水减排量、废气减排量、废渣减排量变化较大，分别为 1.43%、2.40%、2.22%，调控效果较好。

同时，我们还发现，耗电量在 2017 年就开始出现明显差别，说明调控较灵敏。当调控因子增大 1 倍时，耗电量同比减少 1.54%，下降幅度虽然不是很大，但调控起到了一定的效果。

综上，金融机构提供绿色信贷对于鹰潭市制造企业低碳经营行为的影响强度适中。绿色投资对于企业尤其是制造业企业是一笔不小的费用，生产线的升级、回收工艺的研发往往需要较大的资金支持，而金融机构提供的绿色信贷则可以很好地缓解企业的资金问题。然而，根据走访结果，被调查企业表示当地金融机构提供这方面的金融服务偏向于少部分企业，普通中小型企业很难申请到，因此在整体的低碳融资规模占比较小。这一现象暴露出当地金融机构的相关金融产品不够完善，提供的绿色信贷服务覆盖群体不够全面，需要进一步地开拓市场，从而增加企业的低碳融资渠道和规模，助力企业的低碳发展。

3. 行业低碳技术水平仿真分析

行业低碳技术水平调控因子按调整方式改变后得到"行业低碳技术水平 A"与"行业低碳技术水平 B"运行系统。调整前后结果见表 5 - 10。废水、废气、废渣的排放量前后对比见图 5 - 44、图 5 - 45、图 5 - 46，耗电量的前后对比见图 5 - 47。

表 5 - 10　　　　　　　　行业低碳技术水平仿真结果

节能减排指标	初始运行结果	A 政策	降幅百分比（%）	B 政策	降幅百分比（%）
废水排放量（万吨）	1 402.74	1 316.63	6.14	1 041.99	25.72
废气排放量（吨）	9 391.17	8 423.6	10.30	5 330.87	43.24
废渣排放量（万吨）	298.951	270.45	9.53	179.248	40.04
耗电量（万度）	311 853	291 224	6.61	225 157	27.80

研究发现，行业低碳技术水平对"三废"排放量的影响很大，调控灵敏。不同政策下趋势变化幅度大，废水、废气、废渣排放量均在 2019 年出现明显变化。当调控因子增大 1 倍时，废水减排量、废气减排量、废渣减排量变化很大，分别为 6.14%、10.30%、9.53%，调控效果非常好。

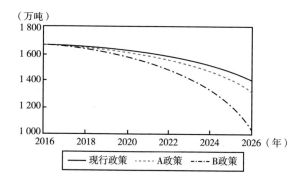

图 5 – 44　废水排放量趋势对比

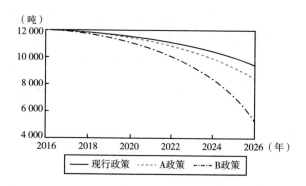

图 5 – 45　废气排放量趋势对比

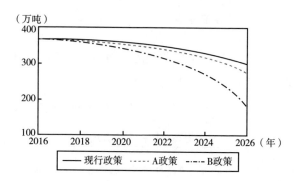

图 5 – 46　废渣排放量趋势对比

同时，我们还发现，耗电量在 2019 年开始出现明显差别，说明调控灵敏。当调控因子增加 1 倍时，耗电量同比减少 6.61%，变化很大，调控效果很好。

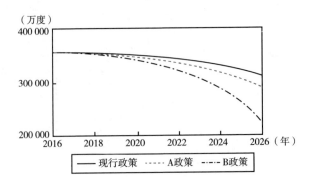

图 5 - 47　耗电量趋势对比

综上，行业低碳技术水平对于鹰潭市制造企业低碳经营行为的影响很大。行业整体的低碳水平显示的是整个行业的环保技术水平，往往会比政府要求的环保达标水平略高，一定程度上反映了当前环保指标的要求，因此行业低碳水平也暗含一定的政府强制要求。与此同时，为了提高产品竞争力，企业也会加强低碳技术投资，来达到行业的低碳技术水平，从而进一步提升行业低碳水平，形成一个良性循环，毋庸置疑也提升了企业节能减排的成果。

四、企业自身因素仿真分析

1. 管理层环境责任感仿真分析

管理层环境责任感调控因子按调整方式改变后得到"管理层 A"与"管理层 B"运行系统。调整前后结果见表 5 - 11。废水、废气、废渣的排放量前后对比见图 5 - 48、图 5 - 49、图 5 - 50，耗电量的前后对比见图 5 - 51。

表 5 - 11　　　　　　　　　管理层环境责任感仿真结果

节能减排指标	初始运行结果	A 政策	降幅百分比（%）	B 政策	降幅百分比（%）
废水排放量（万吨）	1 402.74	1 340.64	4.43	1 139.5	18.77
废气排放量（吨）	9 391.17	8 883.42	5.41	7 253.26	22.77
废渣排放量（万吨）	298.951	286.867	4.04	248.362	16.92
耗电量（万度）	311 853	304 614	2.32	281 739	9.66

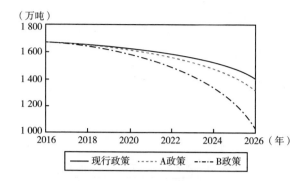

图 5 - 48 废水排放量趋势对比

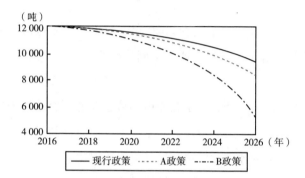

图 5 - 49 废气排放量趋势对比

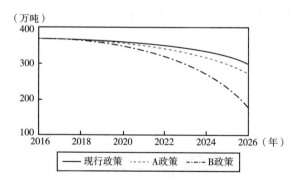

图 5 - 50 废渣排放量趋势对比

　　研究发现，管理层环境责任感对"三废"排放量的影响较大，调控较为灵敏。不同政策下趋势变化幅度较大，废水、废气、废渣排放量均在 2020 年出现明显变化。当调控因子增大 1 倍，废水减排量、废气减排量、废渣减排量变化较大，分别为 4.43%、5.41%、4.04%，调控效果较好。

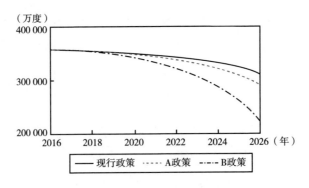

图 5 – 51　耗电量趋势对比

同时，我们还发现，耗电量在 2020 年开始出现明显差别，说明调控较为灵敏。当调控因子增大 1 倍时，耗电量同比减少 2.32%，变化较大，调控效果较好。

综上，管理层环境责任感对于鹰潭市制造企业低碳经营行为的影响程度较大。管理层作为企业的中高层领导，对企业的发展方向和发展模式有很大的决定能力。管理层较强的环境责任感会让其在决策时更加倾向于选择环保效果更好的选项，更加有助于企业进行低碳经营，从而有助于企业进行节能减排。

2. 企业提升员工意识活动仿真分析

企业提升员工意识活动调控因子按调整方式改变后得到"员工意识 A"与"员工意识 B"运行系统。调整前后结果见表 5 – 12。废水、废气、废渣的排放量前后对比见图 5 – 52、图 5 – 53、图 5 – 54，耗电量的前后对比见图 5 – 55。

表 5 – 12　　　　　　　　企业提升员工意识活动仿真结果

节能减排指标	初始运行结果	A 政策	降幅百分比（%）	B 政策	降幅百分比（%）
废水排放量（万吨）	1 402.74	1 389.28	0.96	1 348.75	3.85
废气排放量（吨）	9 391.17	9 286.36	1.12	8 971.06	4.47
废渣排放量（万吨）	300.596	296.566	1.34	289.395	3.73
耗电量（万度）	311 853	310 496	0.44	306 417	1.74

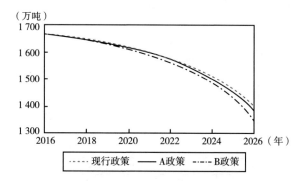

图 5 – 52　废水排放量趋势对比

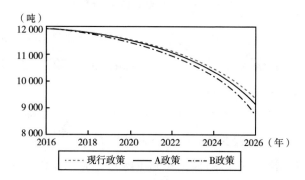

图 5 – 53　废气排放量趋势对比

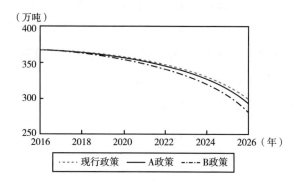

图 5 – 54　废渣排放量趋势对比

　　研究发现，员工意识活动提升对于"三废"排放量的影响较弱，调控速度一般。不同政策下趋势变化幅度不大，废水、废气、废渣排放量均在 2022 年出现明显变化。当调控因子增大 1 倍时，废水减排量、废气减排量、废渣减排量变化较小，分别为0.96%、1.12%、1.34%，调控效果较弱。

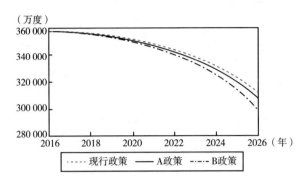

图5-55　耗电量趋势对比

同时，我们还发现，耗电量是在2022年才开始出现较明显的差别，说明调控速度一般。当调控因子增大1倍时，耗电量同比减少仅为0.44%，变化较小，调控效果较弱。

综上，企业提升员工意识活动对于鹰潭市制造企业低碳经营行为的影响较弱。员工作为企业低碳生产的执行者，低碳意识培养影响到企业低碳经营的实施效果。根据实地走访结果，我们了解到，被调查企业的员工都会进行日常的低碳意识培训，一方面增加低碳生产的执行力，另一方面还能对员工的个人习惯也会产生积极影响，如员工会养成随手关灯、减少机器不必要空转等生产生活好习惯，会对企业的节能减排带来积极影响。然而，因为企业对于员工这方面的培训费投入较少，所以增加这方面的投资对整体的低碳经营以及节能减排效果影响不是很明显。但是对员工低碳意识是一项低投入高回报的投资，应该值得企业的学习和重视。

五、影响因素对比分析

根据前面对各类因素的仿真分析，本书将对"三废"排放、耗电量影响效果较大的因素进行筛选和总结。不难发现，废水、废气、废渣排放量的趋势变化比较类似，所以将其统称为"三废"排放量来进行比较。因此，鹰潭市制造企业低碳经营行为影响因素的影响效果比较如表5-13所示。

表 5 – 13　　　　　　　　　　　　　影响因素效果分析表

影响因素类型	"三废"排放量	耗电量
政府政策因素	环保处罚 > 政府补助 > 环境税	环保处罚 > 政府补助 > 环境税
市场需求因素	消费者对环境问题的关注度 > 低碳产品价格	消费者对环境问题的关注度 > 低碳产品价格
社会环境因素	行业低碳技术水平 > 大众对企业社会责任的关注度 > 金融机构提供绿色信贷	行业低碳技术水平 > 大众对企业社会责任的关注度 > 金融机构提供绿色信贷
企业自身因素	管理层环境责任感 > 企业提升员工意识活动	管理层环境责任感 > 企业提升员工意识活动

　　通过表 5 – 13 以及前面的分析我们发现，每个因素对"三废"排放量、耗电量的影响程度大小顺序表现出一致性。其中，在政府政策方面，环保处罚的影响程度远高于其余二者，而且反应也较其余两者迅速，政府补助的影响程度也较好；在市场需求方面，消费者对环境问题的关注度会比低碳产品的价格更加灵敏，和之前问卷调查的实际情况相符；社会环境因素方面，行业低碳技术水平和大众对企业社会责任关注度的灵敏度都很高，明显高于金融机构提供绿色信贷的灵敏度，模拟结果和问卷调查的实际情况基本吻合；企业自身方面，管理层环境责任感对企业低碳经营的影响要大于企业提升员工意识活动，模拟结果与调查结果、实际逻辑相符。总体而言，模拟的结果和调查来的实际情况高度吻合，且符合正常逻辑，可以进行下一步的政策模拟。

第六章　制造企业低碳经营行为的政策仿真研究

第一节　仿真方案制定

一、政策仿真因素的选择

根据第五章对制造企业低碳经营行为各类影响因素的仿真分析，基于仿真结果中各因素的敏感性和引导政策制定的可操作性双重考量，本书选取了部分影响因素作为政策仿真因素，如表6-1所示。

表6-1　　　　　　　　　　政策仿真因素

影响因素类型	影响因素
政府	环保处罚、政府补助
市场	消费者对环境问题的关注度
社会	行业低碳技术水平、大众对企业社会责任的关注度、金融机构提供绿色信贷
企业	管理层环境责任感

在政府因素中，选取调控效果非常好的环保处罚，同时选取调控效果不错的政府补助。

在市场因素中，根据影响因素调控的敏感性，仅选取消费者对环境问题关注度这个因素。

在社会因素中，除了选取行业技术水平和大众对企业社会责任的关注度两个因素。同时，考虑到金融机构提供绿色信贷是金融机构的支持性行为，也加入绿色信贷这一指标。

在企业因素中，由于管理层环境责任感的影响效果强于企业提升员工意识活动，因此仅选取管理层环境责任感这一指标进行政策仿真分析。

二、政策仿真方案的设计

根据所选取影响因素的特点，本书把政府基于它们可制定的政策分为三类，即引导性政策、惩罚性政策和支持性政策。引导性政策具体包括提高消费者对环境问题的关注度、提升行业低碳技术水平、提高大众对企业社会责任的关注度、增强管理层环境责任感。惩罚性政策指的是环保处罚，属于政府的强制性政策。而支持性政策指的是政府补助和金融机构提供绿色信贷，前者属于政府层面上的支持，后者是金融资本层面的支持。本书将各类政策进行组合，制订了 4 个政策仿真方案，分别是只包含"引导性"政策的方案、包括"惩罚性 + 引导性"政策的组合政策、包括"支持性 + 引导性"政策的组合政策以及包括"惩罚性 + 支持性 + 引导性"政策的混合政策。具体政策方案如下表 6 – 2 所示。

表 6 – 2   政策仿真方案

序号	政策方案类型	政策仿真方案
1	"引导性"政策	提高消费者对环境问题的关注度、提升行业低碳技术水平、提高大众对企业社会责任的关注度、增强管理层环境责任感
2	"惩罚 + 引导性"政策	环保处罚、提高消费者对环境问题的关注度、提升行业低碳技术水平、提高大众对企业社会责任的关注度、增强管理层环境责任感
3	"支持 + 引导性"政策	金融机构提供绿色信贷、政府补助、提高消费者对环境问题的关注度、提升行业低碳技术水平、提高大众对企业社会责任的关注度、增强管理层环境责任感
4	"惩罚 + 支持 + 引导性"政策	环保处罚、金融机构提供绿色信贷、政府补助、提高消费者对环境问题的关注度、提升行业低碳技术水平、提高大众对企业社会责任的关注度、增强管理层环境责任感

对于预期目标的制定，本书参考了"十三五"节能减排工作方案的规定，即五年污染物排放量、耗电量降低15%。由于本书模拟的是鹰潭市制造

企业低碳经营效果 2016~2026 年的变化，则拆成两个五年，也就是说鹰潭市制造企业到 2026 年污染物排放量、耗电量比 2016 年应该下降 22.5% 即算完成目标。在此基础上本书通过对各个方案的政策仿真，观察每种方案的运行结果，结合制造企业发展现状，由点及面地提出相关建议。

第二节 政策仿真运行结果分析

一、政策仿真方案结果

前面说到被调查企业在政府补助和绿色信贷方面需要更加开放的政策对其进行刺激。我们在制定方案时，考虑到实际情况中政策会比较稳定，政策改变不会太过激烈，因此设置调控因子时选择了一个较小的调动幅度，统一微调至 1.2，将仿真结果与预期值进行对比分析。仿真结果如表 6-3 所示。

表 6-3　　　　　　　　政策仿真方案效果

序号	低碳投资规模（万元）	低碳融资规模（万元）	废水排放量（万吨）	废气排放量（吨）	废渣排放量（万吨）	耗电量（万度）
预期	7 564 650	34 123 700	1 317.26	8 848.92	285.52	305 065
方案1	11 979 400	54 496 400	1 333.64	8 828.42	285.602	303 886
方案2	12 449 000	57 536 400	1 314.06	8 612.81	279.318	299 372
方案3	13 719 400	64 557 700	1 319.26	8 717.24	283.089	302 467
方案4	14 271 300	68 169 400	1 298.71	8 492.48	276.562	297 792

二、低碳投资规模仿真结果分析

不同政策组合方案下，样本制造企业低碳投资规模仿真结果对比如图 6-1 所示。

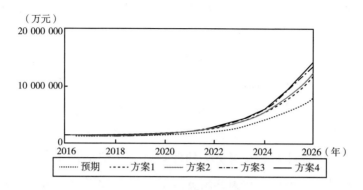

图6-1 各方案低碳投资规模对比

由表6-3与图6-1可知，所有方案低碳投资规模均能达到预期目标。其中，方案4的调控力度最大，所提升的低碳投资规模最大，说明引导、惩罚和支持三种政策同时发力对提升企业低碳投资规模是最好的。方案1的调控力度最小，但是也远远超过了预期目标，说明公众监督、行业低碳技术水平是可以有效刺激企业进行低碳投资的。与此同时，研究发现，方案2比方案1较高，说明政府的环保惩罚可以督促企业进行低碳投资。方案3也比方案1要高，也说明支持性的政府补助、绿色信贷政策有利于扩大企业低碳投资规模。值得注意的是，方案3要比方案2的结果高，说明在促进企业低碳投资方面，政府和金融机构提供适当的资金支持会比政府单纯实施强制性处罚政策要更加有效，说明政府在制定刺激企业低碳投资相关政策时候，应该偏向于制定支持性的政策，当然支持和处罚两者并行的效果是最佳的。

三、低碳融资规模仿真结果分析

不同政策组合方案下，样本制造企业低碳融资规模仿真结果对比如图6-2所示。

由表6-3与图6-2可知，所有方案低碳融资规模均能达到预期目标。其中，方案4的调控力度最大，所提升的低碳融资规模最大，说明引导、惩罚和支持三者并施对企业低碳融资最有利的。方案1的调控力度最小，但是也达到了预期目标，说明公众监督、行业低碳技术水平能有效刺激企业进行低碳融资。与此同时研究发现，方案2比方案1结果更好，说明政府的环保惩罚条款可以让投资者看到投资的前景，从而引导资本进行投资，使得企业获得更多的低碳资金。方案3也比方案1要高，说明支持性的政府补助、绿色信贷政策可以拓宽企业的低碳融资渠道。值得关注的是，方案3要比方案2的结果要高，反映出相比于强制性处罚，拓宽企业的低碳融资渠道能让企业获得更多的低碳资金。综上，当政府想要帮助企业低碳融资时，应该更多地为其拓宽融资渠道，如引导金融企业对企业发放更多的绿色信贷，同时也可以加大政府的补贴范围和补贴力度、建立碳基金等。

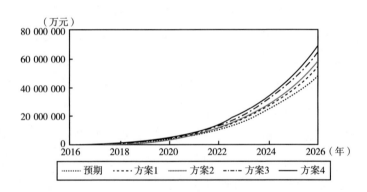

图6-2 各方案低碳融资规模对比

四、"三废"排放量仿真结果分析

不同政策组合方案下，样本制造企业废水、废气、废渣排放量对比如图6-3、图6-4、图6-5所示。

由表6-3与图6-3可知，废水排放量方案2和方案4达标，而方案1和方案3没有达标。其中，方案1和方案3分别超过预期废水排放标准16.38万吨和2万吨。这说明在废水排放控制中，单纯的舆论监督和行业标准引导甚至引入对企业支持性政策难以让企业如期地完成废水排放指标控制，需要政府进行强制监管，以此给企业施加压力。

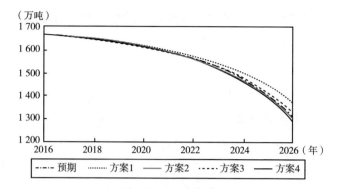

图 6 – 3　各方案废水排放量对比

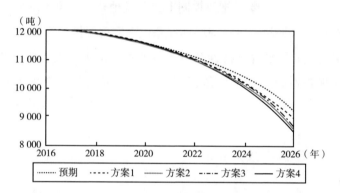

图 6 – 4　各方案废气排放量对比

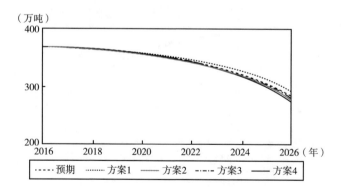

图 6 – 5　各方案废渣排放量对比

通过表 6 – 3 与图 6 – 4 可以看出，对于废气排放量，各大方案运行结果都达到预期目标，方案 4 的预期效果最好。其中，方案 1 仅仅比预期标准低20.5 吨，存在一定的不达标风险，说明单纯的引导性政策虽然可以达到效果，但也存在一定的不达标风险，需要其他类型政策进行辅助引导。通过对比方案 3 和方案 2 不难发现，惩罚性的政策会比支持性政策在废气排放控制上更加有效。

通过表 6-3 与图 6-5 可以看出，废渣排放量除方案 1 稍微超出预期外，其余方案运行结果都达到预期目标，方案 4 的预期效果最好。其中，方案 1 超过预期目标 0.82 吨，也说明对于废渣排放，单纯地依靠引导难度较大，需要其他类型政策进行辅助引导。通过对比方案 3 和方案 2 不难发现，政府的环保处罚会比政府补贴、绿色信贷在废渣排放控制上更加有效。

综上可见，在"三废"排放控制上，单纯地依靠公众对企业的监督、提升行业低碳技术水平和引导管理层环保意识来实现减排目标存在一定的难度，此时需要辅助政府补贴等支持性政策为企业增添动力，或者依靠政府进行强制监管对违规企业处以环保罚款，而且政府的强制监管会更加有效且更加迅速。

五、耗电量仿真结果分析

不同政策组合方案下，样本制造企业耗电量对比结果见图 6-6。

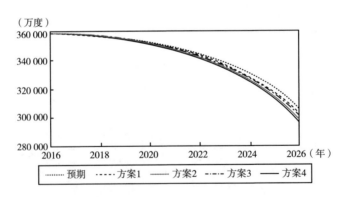

图 6-6　各方案耗电量对比

通过表 6-3 与图 6-6 可以看出，对于耗电量，4 个政策方案运行结果都达到了预期目标，方案 4 的预期效果最好。其中，方案 1 仅超过预期目标 1 179 万吨，超过预期目标仅 0.39%，存在一定的不达标风险，说明单纯地靠引导政策还不够，需要其他政策进行助力。方案 2 的结果比方案 3 更优，说明惩罚性政策比支持性政策更能促进企业完成节能任务。方案 4 的结果表明，打"惩罚＋支持＋引导性"政策的组合拳能更有效地促进企业节能。

六、仿真结果分析小结

通过对各类组合政策下"三废"排放量、耗电量的运行结果分析，可以总结出以下几点结论。

（1）仅靠引导性政策很难达到目标，需辅助"惩罚性"和"支持性"政策。企业低碳经营仅仅依靠"引导性"政策只能勉强达到预期目标，且效果极其不稳定，如果发生突发情况很可能无法达到目标。而加入了"惩罚性"政策和"支持性"政策的研究结果达标情况更好，低碳经营节能减排效果更加稳固。因此，企业低碳投资经营不能光靠政府进行宣传引导，还需要辅助惩罚和支持性政策来推动企业进行低碳投资经营，巩固低碳发展的成果。

（2）惩罚性政策比支持性政策见效更快、效果更明显。各类组合政策的仿真结果表明，加入惩罚性政策的方案 2 比加入支持性政策的方案 3 在控制"三废"排放量、耗电量方面结果都更优，反应也更快。这说明在同等情况下，对于促进企业节能减排，政府的"惩罚性"政策比"支持性"政策更加行之有效。

（3）"惩罚＋支持＋引导性"政策组合的效果最优。各类组合政策的仿真结果表明，对于促进企业扩大低碳投资规模和低碳融资规模、降低"三废"排放量和耗电量，方案 4 在各方面都表现更优。这说明政府在制定引导性政策促进企业低碳经营的同时，还需要辅助奖罚并行的政策，一方面要利用环保处罚等强制性的处罚手段让企业守住污染物排放、能耗的红线，另一方面也要加大政府补贴力度和范围、引导金融机构放宽绿色信贷条件以及增加信贷额度。

第七章　结论、建议与研究展望

第一节　研究结论

通过对江西省 215 家制造企业的问卷调查，本书获得了江西省制造企业低碳经营行为及其影响因素的大量数据及文字资料，依据这些数据资料对江西省制造企业低碳经营行为及其影响因素进行了描述性统计分析。在此基础上，根据问卷反馈的实际情况，筛选出了制造企业低碳经营行为的主要影响因素，并依此设计出了制造企业低碳经营行为及其影响因素的系统动力学模型。考虑到企业低碳经营行为的影响因素中政府的环保、金融等政策具有地区差异性，且不同地区的制造企业具有产业集聚的特征，为了保证数据仿真的准确性和可靠性，本书以问卷调查中获得有效数据最多的鹰潭市 114 家企业作为样本企业，利用 VENSIM 软件，对制造企业低碳经营行为的影响因素进行了仿真分析，找出了其中调节力度大的影响因素，并据此设计了不同的政策方案进行政策仿真研究。通过研究得出以下主要研究结论。

第一，低碳融资行为状况。样本制造企业低碳融资渠道主要是绿色信贷、风险投资和政府补助，但绿色信贷和政府补助的惠及面和融资规模有限。低碳基金和碳交易市场等融资渠道的作用还没有充分发挥出来，需要政府加大投入和建设。

第二，低碳投资行为状况。低碳投资具有行业异质性和规模差异性，资源加工业企业在低碳生产设备、废弃物回收和循环利用设备、低碳技术研发、低碳技术培训费等环节的投资，比机械电子制造业和轻纺工业企业投入的多；

企业规模越大，在低碳设备、技术等方面的投资力度越大；各类企业对于提升管理者和员工环保意识方面重视度不够，投入较少。

第三，低碳运营行为状况。样本制造企业在采购原材料时是否注重环保质量，以及排污费投入方面具有行业异质性和规模差异性；低碳技术在生产各步骤的覆盖使用率、宣传产品低碳环保的经费投入、废料的回收率和利用率、低碳经营行为在行业内的水平方面具有行业异质性，但规模差异不明显；使用新型替代能源进行生产的替代率，行业异质性和规模差异性都不明显。

第四，低碳管理制度现状。对于将碳排放量纳入管理层业绩考核指标体系、将环境效益作为企业评估投资项目的重要因素、将环境成本纳入财务核算体系、对员工的用电及资源消耗行为进行制度约束的低碳管理制度建设，会因制造企业的行业、规模、产权和治理结构不同产生差异。样本企业披露低碳、环保信息的主要渠道是上报政府环保部门和年报，其次是社会责任报告，其他渠道的占比都不超过15%。

第五，低碳经营效果。样本制造企业低碳经营后，在销售额提升、成本节约、电量节约、废水和废渣减排、氮氧化物减排、二氧化硫减排、粉尘减排方面都具有明显的行业异质性，资源加工业企业成效更显著；在销售额提升、成本节约、电量节约、废水和废渣减排方面还有规模差异性，大规模企业成效更好，但氮氧化物减排、二氧化硫减排、粉尘减排方面规模差异性不明显。

第六，低碳经营行为的影响因素。（1）政府政策层面的主要影响因素有：环保部门严格监管、制定鼓励和扶持政策、设限制进入与退出机制、制定了有关环保法规、制定了人才引进机制、提供了低碳技术指导。（2）市场需求层面的主要影响因素有：消费者关注企业环境管理认证、消费者环境认知度不断加深、消费者关注产品"绿色"认证。（3）社会环境层面的主要影响因素有：低碳经营成为行业趋势、大众关注企业环境责任履行、行业低碳技术水平提高、社会舆论低碳导向促进、供应链合作伙伴重视低碳合作、竞争对手加强低碳投资与认证。（4）企业自身层面的主要影响因素有：管理者有较高环境责任感、高学历员工更愿低碳经营、重视低碳环保品牌形象塑造、重视宣传提升员工低碳意识、实施低碳发展战略。

第七，影响因素仿真结果。每个因素对"三废"排放量、耗电量的影响程度大小顺序表现出一致性。其中，政府政策方面，环保处罚的影响程度和反应灵敏度，高于政府补助和环境税；市场需求方面，消费者对环境问题的关注度会比低碳产品的价格更加灵敏；社会环境方面，行业低碳技术水平和大众对企业社会责任关注度的灵敏度，明显高于金融机构提供的绿色信贷；企业自身方面，管理层环境责任感对企业低碳经营的影响要大于企业提升员工意识活动。

第八，政策仿真结果。企业低碳经营只靠引导性政策效果欠佳，存在很大的不达标风险，惩罚性政策比支持性政策更加快速有效，"惩罚＋支持＋引导性"的政策组合对于促进企业扩大低碳投融资规模和节能减排效果最佳。

第二节　启示和建议

2009 年 11 月江西省发布了国内首个省级低碳经济发展白皮书，较早确定了绿色发展战略。江西省作为低碳和生态经济试验区，能在保持经济高质量发展的同时，较好发展绿色经济，具有较强的代表性。本书以江西省制造企业作为研究对象，运用系统动力学仿真分析制造企业的低碳经营行为及其影响因素，研究结论能给江西和其他地区政府带来重要启示。因此，本书针对研究结论由点及面地给出促进制造企业低碳经营的普适性建议，为各地政府制定低碳政策提供有价值的参考。

1. 加速碳交易市场建设，拓宽企业低碳融资渠道

当前我国碳交易市场建设还处于探索完善之中。在碳交易市场，低碳企业可以向高排放企业出售碳排放配额从而获得收益。因此，加快完善建设碳交易市场有利于激发企业的低碳发展动力，加速企业的低碳转型，促进企业低碳经营，减少企业碳排放。同时，各地政府也要积极引导当地企业进行产业绿色升级，宣传低碳基金申请政策，指导协助企业申请 CDM 项目和低碳基金，并引导当地金融机构开发低碳信贷产品，多管齐下共同拓宽企业低碳融资渠道。

2. 引导低碳产品价格分级，促进低碳技术研发合作交流

各地政府应该引导市场对低碳产品进行价格分级，改变当地低碳产品和普通产品不同标准却价格相同的乱象，让产品价格分担一部分低碳投资成本，缓解企业低碳融资压力。对于低碳技术研发，一方面，各地政府应积极发挥引导作用，鼓励企业与高校、科研机构合作交流，攻克低碳技术"瓶颈"，如通过搭建网络平台、设立专门服务机构等促进科研成果转化，必要时可设立适当的奖励机制和制定税收减免政策，以提高企业相关项目应用价值，催生低碳技术创新成果的转化；另一方面，各地政府还应定期开展行业间的低碳技术交流会，组织当地企业去低碳建设成果优秀的企业进行调研学习，促进企业间的低碳技术研发合作，从而提升行业整体的低碳技术水平。

3. 完善环保监测系统建设，加大环保处罚力度

各地政府应当尽快完善环保监测系统建设，做到对企业排放数据实时监测，一方面可以保障合规性管理，另一方面也避免企业进行偷排。对于环保不合规的企业，政府应当充分发挥其强制性的职能，对其进行严厉处罚，加大其违法成本，让环保合规成为企业不可逾越的红线。

4. 扩大环保补助政策覆盖面，加大环保补助支持力度

各地政府要加大环保补助政策的覆盖面，对不同规模、不同行业的制造企业制定适宜的补助政策，做到精准"补助"，要尽量避免补助标准"一刀切"的现象。同时也要加大补贴力度，缓解制造企业低碳融资的压力。

5. 规范社会环境报告披露，构建企业环保信用体系

企业的社会环境责任报告是普通群众了解企业社会环境责任履行情况的主要渠道，企业社会环境责任报告披露目前还处在自愿披露的阶段，暂时没有明确的披露规范，让大众对企业环境责任履行的监督效果大打折扣。因此，政府应该发挥强制性职能，对企业社会环境责任履行披露的时间和内容进行强制性规定，充分保障民众的监督权利，从而助推企业进行低碳建设。与此同时，各地政府要着力构建企业环保信用体系，并与政府环保补助和金融机构的绿色信贷政策对接，从而进一步加大企业环保违规成本，引导企业进行低碳经营。

6. 加强群众环保意识宣传，培养提升管理层环保意识

一方面，各地政府要加强对环保问题的宣传引导，让群众意识到环境保护的急迫性和必要性，培养群众的环保意识，让群众对企业环保合规方面起到监督作用，引导群众在商品购买时更加注重企业的环境责任履行情况，拒绝购买环保不达标产品，从而利用市场这只无形的手来引导企业进行低碳经营。另一方面，各地政府要开展活动来助力企业管理层环境责任感培养，定期进行相互学习交流，发挥带动引导作用，最终驱动地区低碳水平发展。

第三节　研究展望

一、研究局限

由于数据等信息获得的局限性，致使研究中依旧存在一些问题。

1. 调控因子的选取存在一定的局限性

影响企业低碳经营行为的因素很多，本书在进行政策仿真时，是依据样本企业数据的影响因素仿真结果，选取了对当地制造业企业影响较大的影响因素作为调节变量，然而每个地区的敏感影响因素可能不尽相同，存在一定的差异性，这使得部分的研究结果有一定局限性。

2. 模型构建体系不够全面

由于在本书收集数据时，江西省的碳交易市场还处于建设中，无法获取碳交易数据，所以模型构建时二氧化碳排放量没法在模型中构成循环系统，只能舍弃这项指标的研究。

二、研究展望

根据以上局限，今后的研究可以从下面几个方面进行改进。

1. 将碳交易系统加入到模型中

2021 年 2 月 1 日起，《碳排放权交易管理办法（试行）》正式施行，这标志着全国碳市场的建设和发展进入了新阶段，说明今后可以获取到碳交易市场的数据。将其加入到模型中，有助于对碳排放的控制进行深入研究。

2. 扩大研究规模

随着信息化披露更加健全，将来可以在构建模型时考虑以全国的制造企业为研究对象，这样得出的研究结论普适性会更强、更有价值。

附录　调查问卷

江西省企业低碳经营行为及其影响因素的调查问卷

尊敬的女士/先生:

您好! 本次问卷调查的目的是了解江西省企业的低碳经营行为及其影响因素,为进行政策仿真研究积累宝贵数据。本调研数据没有任何商业目的,所收集的资料仅供学术性研究之用,您的回答将予以严格保密。本问卷所有题目没有所谓的正确与错误之分,只需选择您认为合适的选项。对您的支持与合作表示衷心的感谢!

第一部分　企业基本信息

请您在空白处填写相关信息,并在选项 ( ) 内打 "√"

贵公司成立时间			贵公司所在地区		
贵公司是否上市		所处行业		您所在的部门	
贵公司企业性质	国有独资企业 ( ) 股份制企业 ( ) 中外合作经营企业 ( )		国有控股企业 ( ) 民营企业 ( ) 其他 ( )		国有参股企业 ( ) 中外合资经营企业 ( )
公司规模 (人)	0~300 ( )	300~1 000 ( )	1 000~2 000 ( )	2 000 及以上 ( )	
贵公司年销售额 (万元)	0~300 ( )	300~2 000 ( )	2 000~40 000 ( )	40 000 以上 ( )	

第二部分　企业低碳经营行为调查

低碳经营行为是指企业在经营过程中为降低能耗、排放、污染而采取的一切行动。请勾选您认为合适的选项。

一、低碳融资行为

1. 企业从银行获得的绿色信贷规模为
A. 0
B. 0 ~ 1 000 万元
C. 1 000 万 ~ 3 000 万元
D. 3 000 万 ~ 6 000 万元
E. 6 000 万 ~ 9 000 万元
F. 9 000 万元以上

2. 企业通过 CDM 项目获得的融资规模为
A. 0
B. 0 ~ 50 万元
C. 50 万 ~ 150 万元
D. 150 万 ~ 500 万元
E. 500 万 ~ 1 000 万元
F. 1 000 万元以上

3. 企业从低碳基金（除 CDM 项目）中获得的融资规模为
A. 0
B. 0 ~ 1 000 万元
C. 1 000 万 ~ 3 000 万元
D. 3 000 万 ~ 6 000 万元
E. 6 000 万 ~ 9 000 万元
F. 9 000 万元以上

4. 企业低碳经营项目从风险投资领域获得的融资规模为
A. 0
B. 0 ~ 1 000 万元
C. 1 000 万 ~ 3 000 万元
D. 3 000 万 ~ 6 000 万元
E. 6 000 万 ~ 9 000 万元
F. 9 000 万元以上

5. 企业低碳经营从政府获得的补贴数额为
A. 0
B. 0 ~ 50 万元
C. 50 万 ~ 150 万元
D. 150 万 ~ 500 万元
E. 500 万 ~ 1 000 万元
F. 1 000 万元以上

二、低碳投资行为

1. 企业在哪些方面进行了低碳投资
A. 管理
B. 技术
C. 生产环节
D. 回收再利用
E. 员工意识
F. 其他

2. 企业用于投资低碳生产技术工艺改造的金额约为
A. 0
B. 0 ~ 200 万元
C. 200 万 ~ 500 万元
D. 500 万 ~ 1 000 万元
E. 1 000 万 ~ 2 000 万元
F. 2 000 万元以上

3. 企业用于低碳回收技术研发或升级的金额约为
A. 0
B. 0 ~ 200 万元
C. 200 万 ~ 500 万元
D. 500 万 ~ 1 000 万元
E. 1 000 万 ~ 2 000 万元
F. 2 000 万元以上

4. 企业用于投资低碳生产设备的金额约为
A. 0
B. 0 ~ 2 000 万元
C. 2 000 万 ~ 5 000 万元
D. 5 000 万 ~ 1 亿元
E. 1 亿 ~ 3 亿元
F. 3 亿元以上

5. 企业用于投资废弃物回收设备的金额约为
A. 0   B. 0 ~ 1 000 万元   C. 1 000 万 ~ 3 000 万元
D. 3 000 万 ~ 5 000 万元   E. 5 000 万 ~ 1 亿元   F. 1 亿元以上

6. 企业用于投资废弃物循环利用设备的金额约为
A. 0   B. 0 ~ 1 000 万元   C. 1 000 万 ~ 3 000 万元
D. 3 000 万 ~ 5 000 万元   E. 5 000 万 ~ 1 亿元   F. 1 亿元以上

7. 企业平均每年用于培训以提升员工低碳技术水平的经费约为
A. 0   B. 0 ~ 50 万元   C. 50 万 ~ 100 万元
D. 100 万 ~ 200 万元   E. 200 万 ~ 500 万元   F. 500 万元以上

8. 企业平均每年用于提升管理者及员工环保意识的经费约为
A. 0   B. 0 ~ 10 万元   C. 10 万 ~ 20 万元
D. 20 万 ~ 50 万元   E. 50 万 ~ 100 万元   F. 100 万元以上

9. 企业是否投资成立相关环保部门？   A. 是   B. 否

三、低碳运营行为

1. 企业使用新型替代能源进行生产的替代率为
A. 0   B. 0 ~ 20%   C. 20% ~ 40%
D. 40% ~ 60%   E. 60% ~ 80%   F. 80% ~ 100%

2. 企业低碳经营后原材料利用率提升百分比为
A. 0   B. 0 ~ 5%   C. 5% ~ 15%
D. 15% ~ 35%   E. 35% ~ 50%   F. 50% 以上

3. 企业采购原材料时注重环保质量认证和污染指数。   A. 是   B. 否

4. 企业新型低碳环保生产线产出的产品占总产品的比重为
A. 0   B. 0 ~ 20%   C. 20% ~ 40%
D. 40% ~ 60%   E. 60% ~ 80%   F. 80% ~ 100%

5. 企业低碳技术在生产各步骤的覆盖使用率为
A. 0   B. 0 ~ 15%   C. 15% ~ 30%
D. 30% ~ 45%   E. 45% ~ 60%   F. 60% ~ 75%
G. 75% 以上

6. 企业销售产品所使用的包装物为（可多选）
A. 一次性包装   B. 重复利用包装   C. 不使用包装
D. 环保可降解材料   E. 非环保可降解材料

7. 企业在销售环节，平均每年用于对外宣传产品低碳环保的经费约为
A. 0   B. 0 ~ 5 万元   C. 5 万 ~ 10 万元
D. 10 万 ~ 20 万元   E. 20 万 ~ 50 万元   F. 50 万元以上

8. 企业销售产品所采用的运输方式？（可多选）
A. 公路运输   B. 水路运输   C. 航空运输
D. 铁路运输   E. 管道运输

9. 企业废料的回收率为
A. 0   B. 0~25%   C. 25%~50%
D. 50%~70%   E. 70%~90%   F. 90% 以上

10. 企业废料的利用率为
A. 0   B. 0~25%   C. 25%~50%
D. 50%~70%   E. 70%~90%   F. 90% 以上

11. 企业平均每年排污费投入额为
A. 0   B. 0~50 万元   C. 50 万~150 万元
D. 150 万~500 万元   E. 500 万~1 000 万元   F. 1 000 万元以上

12. 据您所知，贵公司低碳经营行为在行业内处于怎样的水平？（总、地区、行业）
A. 领先   B. 良好   C. 中等
D. 较差   E. 很差

四、低碳管理制度

1. 企业将碳排放量纳入管理层业绩考核指标体系。	A. 是	B. 否
2. 企业制定碳排放量的约束性指标。	A. 是	B. 否
3. 环境效益是企业评估投资项目的重要考量因素。	A. 是	B. 否
4. 企业将环境成本纳入内部财务核算体系。	A. 是	B. 否

5. 企业披露低碳、环保信息的渠道。
A. 年报   B. 社会责任报告   C. 可持续发展报告
D. 上报政府环保部门   E. 传统媒体   F. 新媒体
G. 不披露

6. 企业对员工的用能及资源消耗行为进行了制度约束。	A. 是	B. 否

五、低碳经营效果

1. 企业实施低碳经营后销售额提升多少？
A. 0   B. 0~100 万元   C. 100 万~500 万元
D. 500 万~1 000 万元   E. 1 000 万~1 500 万元   F. 1 500 万元以上

2. 企业实施低碳经营后平均每年成本节约多少？
A. 0   B. 0~50 万元   C. 50 万~150 万元
D. 150 万~500 万元   E. 500 万~1 000 万元   F. 1 000 万元以上

3. 企业实施低碳经营后平均每年用电量节约多少？
A. 0   B. 0~10 万度   C. 10 万~50 万度
D. 50 万~100 万度   E. 100 万~500 万度   F. 500 万度以上

4. 企业实施低碳经营后碳排放量平均每年变化
A. 减少 0~30 000 吨   B. 减少 30 000~50 000 吨   C. 减少 50 000 吨以上
D. 没有变化

续表

5. 企业实施低碳经营后年均废水排放量减少多少?		
A. 1 000 吨及以下	B. 1 000~3 000 吨	C. 3 000~6 000 吨
D. 6 000~10 000 吨	E. 10 000 吨以上	

6. 企业实施低碳经营后年均废渣排放量减少多少?		
A. 1 000 吨及以下	B. 1 000~3 000 吨	C. 3 000~6 000 吨
D. 6 000~10 000 吨	E. 10 000 吨以上	

7. 企业实施低碳经营后年均氮氧化物排放量减少多少?		
A. 25 吨及以下	B. 25~50 吨	C. 50~75 吨
D. 75~100 吨	E. 100 吨以上	

8. 企业实施低碳经营后年均二氧化硫气体排放量减少多少?		
A. 25 吨及以下	B. 25~50 吨	C. 50~75 吨
D. 75~100 吨	E. 100 吨以上	

9. 企业实施低碳经营后年均粉尘排放量减少多少?		
A. 25 吨及以下	B. 25~50 吨	C. 50~75 吨
D. 75~100 吨	E. 100 吨以上	

10. 企业实施低碳经营后市场占有率的变化		
A. 增加 5% 及以下	B. 增加 5%~10%	C. 增加 10%~15%
D. 增加 15% 以上	E. 没有变化	

第三部分 企业低碳经营行为影响因素调查

请您根据您的真实感受,在每个题目后的分数上打"√"。问卷使用 5 分制,5 分代表"完全同意",4 分代表"同意",3 分代表"不一定",2 分代表"不同意",1 分代表"完全不同意"。

一、政府政策因素	5	4	3	2	1
1. 当地政府制定了鼓励和扶持企业低碳经营的政策					
2. 当地政府制定了规范企业经营的环保法规					
3. 当地政府成立了低碳专项资金以支持企业低碳转型					
4. 当地政府对高碳企业设置了限制进入与退出机制					
5. 当地政府针对企业低碳经营制定了地区人才引进机制					
6. 环保部门会对贵企业进行严格的监察管制、定期走访					
7. 税收部门加大了与环境相关的税收征收力度					

续表

	5	4	3	2	1
8. 政府对贵企业的低碳经营给予了税收优惠					
9. 政府对贵企业的低碳经营给予了财政补贴					
10. 有关政府部门对贵企业提供了相关的低碳技术指导					
11. 政府曾对贵企业的高污染生产经营行为进行了严厉处罚					
二、市场需求因素	5	4	3	2	1
1. 贵企业消费者对环境问题的认知程度不断加深					
2. 消费者越来越关注贵企业是否通过 ISO14000 环境管理认证					
3. 消费者对贵企业产品是否通过"绿色"认证日益关注					
4. 贵企业相关产品市场整体偏好低碳产品（具有节能、减排作用的产品）					
5. 使用成本低促进了消费者对贵企业低碳产品的购买需求					
6. 价格偏高制约了消费者对贵企业低碳产品的购买需求					
三、社会环境因素	5	4	3	2	1
1. 社会舆论的低碳导向促进贵企业实现低碳经营					
2. 社会公众对贵企业的环境责任履行情况关注度日益增强					
3. 当地金融机构给低碳企业提供专门的绿色信贷					
4. 碳交易市场的建立和完善促进了贵企业低碳经营					
5. 碳基金（包括 CDM）是贵企业低碳经营的重要融资渠道					
6. 低碳经营成为行业发展趋势					
7. 行业低碳技术水平不断提高					
8. 贵企业竞争对手不断加强低碳投资、低碳认证					
9. 贵企业供应链上的合作伙伴越来越重视低碳合作					
10. 当地低碳生产的配套基础设施日渐完善					
11. 可再生能源价格偏高制约了贵企业的低碳经营					
12. 低碳能源选择性有限制约了贵企业的低碳经营					
四、企业自身因素	5	4	3	2	1
1. 贵企业管理者有较高的环境责任感及低碳投资意愿					
2. 贵企业具有高学历的员工更愿意参与低碳经营					
3. 贵企业重视"低碳""环保"品牌形象的塑造					
4. 贵企业经常进行低碳环保宣传以提升员工的低碳意识					
5. 贵企业给予对企业低碳发展有促进作用的部门或个人奖励					
6. 贵企业实施低碳发展战略					
7. 贵企业掌握了低碳核心技术					

8. 贵企业现有规模制约了企业低碳经营					
9. 贵企业现有技术水平限制了企业低碳转型升级					
10. 贵企业使用清洁能源的成本过高					
11. 贵企业的能源消耗类型单一且污染大					
12. 低碳投资效果的滞后性阻碍了贵企业低碳转型升级					
13. 贵企业现有盈利能力能满足企业低碳经营的需要					
14. 贵企业现有偿债能力能支持企业进行低碳经营					

参 考 文 献

[1] 陈红喜，刘东，袁瑜. 环境政策对农业企业低碳生产行为的影响研究 [J]. 南京农业大学学报（社会科学版），2013，13（4）：69 – 75.

[2] 陈小勇. 煤价波动对煤炭资源丰裕省份产业转型升级的影响研究——基于样本省份面板数据的实证分析 [J]. 价格理论与实践，2014（6）：42 – 44.

[3] 陈晓红，赵贺春，李岩. 工业企业低碳生产的动力机制研究——基于我国铝业低碳生产的数据 [J]. 数理统计与管理，2014，33（2）：222 – 232.

[4] 程发新，孙立成. 企业低碳制造战略形成与实施的机理分析 [J]. 北京理工大学学报（社会科学版），2014，16（5）：23 – 29.

[5] 但智钢，段宁等. 重点企业清洁生产推进的驱动因素分析 [J]. 环境科学研究，2010（2）：242 – 247.

[6] 丁志刚，徐琪. 碳限额与交易政策下供应链低碳技术投资时机研究 [J]. 北京理工大学学报（社会科学版），2015，17（5）：9 – 14.

[7] 段向云，陈瑞照. 企业低碳化发展管控要素的识别与实证研究 [J]. 当代财经，2014（4）：65 – 73.

[8] 范如国，吴婷，樊唯. 考虑环保税与规制俘获的三方治理演化博弈模型及策略优化研究 [J]. 软科学，2022，36（5）：122 – 130.

[9] 郝祖涛，严良，谢雄标，段旭辉. 集群内资源型企业绿色行为决策关键影响因素的识别研究 [J]. 中国人口·资源与环境，2014，24（10）：170 – 176.

[10] 胡俊南，何宜庆. 中国工业企业低碳发展路径与政策研究——基于商品经营与资本经营互动视角 [J]. 求索，2011（12）：1 – 4.

[11] 胡俊南，王宏辉. 重污染企业环境责任履行与缺失的经济效应对

比分析 [J]. 南京审计大学学报, 2019, 16 (6): 91 – 100.

[12] 胡俊南, 徐海婷. 环保税实施对重污染企业环境责任履行的激励效果研究——基于系统动力学仿真视角 [J]. 财会通讯, 2021 (24): 131 – 138.

[13] 胡俊南. 制造企业商品经营和资本经营的互动与协调 [M]. 北京: 社会科学文献出版社, 2013.

[14] 雷淑琴, 马丽君, 徐昊. 中国能源税制的节能效应与优化路径——基于系统 GMM 和欧盟经验的分析 [J]. 商业研究, 2022 (3): 122 – 133.

[15] 李媛, 赵道致, 祝晓光. 基于碳税的政府与企业行为博弈模型研究 [J]. 资源科学, 2013, 35 (1): 125 – 131.

[16] 林伟明, 余建辉. 福建工业企业低碳生产行为的影响因素研究——基于 28 家上市公司的数据 [J]. 华东经济管理, 2014, 28 (3): 28 – 32.

[17] 马中, 蒋姝睿, 马本, 等. 中国环境保护相关电价政策效应与资金机制 [J]. 中国环境科学, 2020, 40 (6): 2715 – 2728.

[18] 清华大学气候政策研究中心. 中国低碳发展报告——政策执行与制度创新 [M]. 北京: 社会科学文献出版社, 2013.

[19] 汪程程. 国内碳基金发展概述 [J]. 中国人口·资源与环境, 2015, 25 (5): 323 – 325.

[20] 王芹鹏, 赵道致, 何龙飞. 供应链企业碳减排投资策略选择与行为演化研究 [J]. 管理工程学报, 2014 (3): 181 – 189.

[21] 王晓莉, 吴林海, 童霞. 我国工业企业低碳生产意愿的关键影响因素研究 [J]. 软科学, 2014 (8): 94 – 97.

[22] 谢守红, 张漫, 薛红芳. 工业企业低碳生产意愿影响因素研究 [J]. 贵州社会科学, 2013 (2): 131 – 135.

[23] 徐建中, 徐莹莹. 基于演化博弈的制造企业低碳技术采纳决策机制研究 [J]. 运筹与管理, 2014, 23 (5): 264 – 272.

[24] 杨波. 资本经营 [M]. 北京: 中央广播电视大学出版社, 2002.

[25] 杨洋, 张倩倩. 碳减排绝对量约束目标下京津冀低碳经济发展路径分析 [J]. 软科学, 2015, 29 (11): 105 – 109.

[26] 于李娜, 邱磊, 于静静. 碳减排政策对企业低碳技术研发的激励

作用研究 [J]. 中国海洋大学学报（社会科学版），2014（2）：51－55.

[27] 朱淀，王晓莉，童霞. 工业企业低碳生产意愿与行为研究 [J]. 中国人口·资源与环境，2013，23（2）：72－81.

[28] Arvanitis S. Factors Determining the Adoption of Energy-saving Technologies in Swiss Firms-An Analysis based on Micro Data [R]. ETH Zurich, KOF Swiss Economic Institute, 2010. 5.

[29] Cassimon D. , Engelen P. J. , Liedekerke L. V.. When do Firms Invest in Corporate Social Responsibility? A Real Option Framework [J]. Journal of Business Ethics, 2015（1）：2539－2554.

[30] Chapple W. , Morrison Paul C. J. , Harris R. Manufacturing and Corporate Environmental Responsibility：Cost Implications of Voluntary Waste Minimisation [J]. Structural Change and Economic Dynamics, 2005, 16（3）：347－373.

[31] Chen Z. C. , Robin P. Energy Management and Environmental Awareness in China's Enterprises [J]. Energy Policy, 2000, 28（1）：49－63.

[32] De Groot H. L. F. , Verhoef E. T. , Nijkamp P. Energy Saving by Firms：Decision-making, Barriers and Policies [J]. Energy Economics, 2001, 23（6）：717－740.

[33] Fagiani R. , Richstein J. C. , Hakvoort R. , et al. The Dynamic Impact of Carbon Reduction and Renewable Support Policies on the Electricity Sector [J]. Utilities Policy, 2014, 28：28－41.

[34] Gao C. K. , Wang D. , Zhao B. H. , Chen S. , Qin. W. Analyzing and Forecasting CO_2 Emission Reduction in China's Steel Industry [J]. Frontiers of Earth Science, 2015, 9（1）：102－133.

[35] Gomi K. , Ochi Y. , Matsuoka Y. A Systematic Quantitative Backcasting on Low-carbon Society Policy in Case of Kyoto City [J]. Technological Forecasting and Social Change, 2011, 78（5）：852－871.

[36] Hu J. N. , Wang S. J. , Xie F. X. Environmental responsibility, market valuation, and firm characteristics：Evidence from China [J]. Corporate Social Responsibility and Environmental Management. 2018, 25：1376－1387.

［37］Hultman N. E. , et al. Carbon Markets and Low-carbon Investment in Emerging Economies： A Synthesis of Parallel Workshops in Brazil and India ［J］. Energy Policy, 2011, 39 (10)： 6698 – 6700.

［38］Johnstone N. , Labonne J. Why do Manufacturing Facilities Introduce Environmental Management Systems? Improving and/or Signaling Performance ［J］. Ecological Economics, 2008, 68 (3)： 719 – 730.

［39］Klassen R. D. , Vachon S. Collaboration and Evaluation in the Supply Chain： The Impact on Plant-level Environmental Investment ［J］. Production and Operations Management, 2003, 12 (3)： 336 – 352.

［40］Krishna C. , Sagar A. D. , Spratt S. The Political Economy of Low-carbon Investments： Insights from the Wind and Solar Power Sectors in India ［M］. England： Institute of Development Studies, 2015.

［41］Liang D. , Gu F. M. , Fujita T. , et al. Uncovering Opportunity of Low-carbon City Promotion with Industrial System Innovation： Case Study on Industrial Symbiosis Projects in China ［J］. Energy Policy, 2014, 65： 388 – 397.

［42］Liang Q. M. , Yao Y. F. , et al. Platform for China Energy & Environmental Policy Analysis： A general design and its application ［J］. Environmental Modelling & Software, 2014, 51： 195 – 206.

［43］Liu W. G. , Fen S. Study on Long-term Mechanism for Government to Encourage Enterprises on Low-carbon Development—Analysis based on Enterprises' Capacity Variance and Task Difficulty ［J］. Energy Procedia, 2012, 14： 1786 – 1791.

［44］Liu W. G. , Li Q. W. , Ge J. T. Incentive Mechanism of Enterprises Energy-saving and Emission Reduction Based on Rank Order Tournaments ［J］. Energy Procedia, 2011, 5： 235 – 240.

［45］Liu Y. , Ye H. The Dynamic Study on Firm's Environmental Behavior and Influencing Factors： an Adaptive Agent-based Modeling Approach ［J］. Journal of Cleaner Production, 2012, 37： 278 – 287.

［46］Liu Y. Relationship Between Industrial Firms, High-carbon and Low-carbon Energy: An Agent-based Simulation Approach [J]. Applied Mathematics and Computation, 2013, 219 (14): 7472 - 7479.

[47] Luken R. , Van Rompaey F. , Zigova K. The Determinants of EST Adoption by Manufacturing Plants in Developing Countries [J]. Ecological Economics. 2008, 66 (1): 141 - 152.

[48] Luken R. , Van Rompaey F. Drivers for and Barriers to Environmentally Sound Technology Adoption by Manufacturing Plants in Nine Developing Countries [J]. Journal of Cleaner Production, 2008, 16 (1, Supplement 1): S67 - S77.

[49] Metcalf G. E. Tax Policies for Low-Carbon Technologies [J]. National Tax Journal. 2009, 62 (3): 519 - 533.

[50] Montalvo C. Cleaner Technology Diffusion: Case Studies, Modeling and Policy [J]. Journal of Cleaner Production, 2008, 16 (1): S1 - S6.

[51] Mundaca L. , Mansoz M. , Neij L. Transaction Costs of Low-Carbon Technologies and Policies: The Diverging Literature [J]. World Bank Group Policy Research Working Paper Series, 2013: 42.

[52] Nishitani K. An Empirical Study of the Initial Adoption of ISO 14001 in Japanese Manufacturing Firms [J]. Ecological Economics, 2009, 68 (3): 669 - 679.

[53] Sarumpaet S. The Relationship between Environmental Performance and Financial Performance of Indonesian Companies [J]. Journal Akuntansi dan Keuangan. 2005, 7 (2): 89 - 98.

[54] Shi Q. , Lai X. D. Identifying the Underpin of Green and Low Carbon Technology Innovation Research: A Literature Review from 1994 to 2010 [J]. Technological Forecasting and Social Change, 2013, 80 (5): 839 - 864.

[55] Shi X. , Meier H. Carbon Emission Assessment to Support Planning and Operation of Low-carbon Production Systems [J]. Procedia CIRP, 2012, (3): 329 - 334.

[56] Song J. S. , Lee K. M. Development of a Low-carbon Product Design System Based on Embedded GHG Emissions [J]. Resources, Conservation & Recycling. 2010, 54 (9): 547 - 556.

［57］ Tang D. C. , Shen Z. Q. , Li C. S. , et al. Policies of Developed Countries and Policy Choices of China Low-Carbon Manufacturing ［J］. Energy Procedia, 2012, 16, Part A: 547 –552.

［58］ Thollander P. , Rohdin P. Barriers to and Driving Forces for Energy Efficiency in the Non-energy Intensive Manufacturing Industry in Sweden（Article）［J］. Energy. 2006, 31（12）: 1500 –1508.

［59］ Wang R. , Liu W. J. , Xiao L. H, et al. Path towards Achieving of China's 2020 Carbon Emission Reduction Target-A Discussion of Low-carbon Energy Policies at Province Level ［J］. Energy Policy, 2011, 39（5）: 2740 –2747.

［60］ Wang Z. J. Strategic Path of China's Low-carbon Technology Development ［J］. Procedia Environmental Sciences, 2011（8）: 90 –96.

［61］ Wiesenthal T. , Leduc G. , Haegeman K. , et al. Bottom-up Estimation of Industrial and Public R&D Investment by Technology in Support of Policy-making: The Case of Selected Low-carbon Energy Technologies ［J］. Research Policy, 2012, 41（1）: 116 –131.

［62］ Zhang S. F. , Andrews-Speed P. , Ji M. Y. The Erratic Path of the Low-carbon Transition in China: Evolution of Solar PV Policy ［J］. Energy Policy, 2014, 67: 903 –912.

［63］ Zwetsloot G. I. J. M. , Ashford N. A. The Feasibility of Encouraging Inherently Safer ［J］. Safety Science, 2003, 41（2 –3）: 219 –240.